Kundalini für Anfänger

Meditationen, Zusammenhänge, Methoden und Wirkungen

Kontakt: www.HarryEilenstein.de / Harry.Eilenstein@web.de

Impressum: Copyright: 2011 by Harry Eilenstein – Alle Rechte, insbesondere auch das der Übersetzung, vorbehalten. Kein Teil des Buches darf ohne schriftliche Genehmigung des Autors und des Verlages (nicht als Fotokopie, Mikrofilm, auf elektronischen Datenträgern oder im Internet) reproduziert, übersetzt, gespeichert oder verbreitet werden.

Herstellung und Verlag: BoD - Books on Demand, Norderstedt

ISBN: 9783752659726

Inhaltsverzeichnis

I   Die Geschichte der Kundalini

Die Kundalini ist keine indische Erfindung, sondern ein universelles Phänomen wie die Telepathie, die Astrologie oder die Astralreise. Daher lassen sich in vielen Kulturen Hinweise auf die Kundalini finden – wobei die Inder (und später dann die Tibeter) wie bei vielen magisch-spirituellen Dingen die gründlichsten Forscher gewesen sind.

Dieses Kapitel ist jedoch keine ausführliche „Geschichte der Kundalini", sondern nur eine kurze Übersicht.

I 1.   Die Kundalini in der Altsteinzeit

Man kann davon ausgehen, daß die Kundalini bereits in der Altsteinzeit gut bekannt gewesen ist, auch wenn es keine direkten Nachweise dafür gibt – es gibt jedoch einen sehr soliden indirekten Nachweis.

Die älteste Form der Religion ist der Schamanismus – er reicht bis mindestens in die mittlere Altsteinzeit zurück. Ein Schamane ist jemand, der ein Nahtod-Erlebnis gehabt hat und dabei erlebt hat, wie er seinen Körper verlassen hat und über sich selber geschwebt ist („Astralreise"). Dieses Erlebnis hat zu der Erkenntnis geführt, daß es mehr als nur den materiellen Körper gibt. Dieses bewußte Verlassen des eigenen Körpers ist der Ursprung der Vorstellung einer Seele, die aufgrund des Schwebens bei der Astralreise bei allen Völkern die Gestalt eines Vogels erhalten hat: den Seelenvogel. Diejenigen, denen es gelungen ist, dieses Erlebnis willentlich zu wiederholen, waren anschließend in der Lage, auch andere Seelenvögel (telepathisch) wahrzunehmen und wurden daher zu „Seelen-Spezialisten".

Beim Erlernen der Astralreise übt man, sich seines eigenen Lebenskraftkörpers bewußt zu werden und ihn dann gezielt zu lenken – auch außerhalb des eigenen physischen Körpers. Die Bewußtwerdung des eigenen Lebenskraftkörpers ist jedoch das, was man auch beim Erwecken der Kundalini als erstes erlernen muß.

Die Anfänge der Weges beim Erlernen der Astralreise, der Erweckung der Kundalini und auch der Hypnose sind identisch: die Bewußtwerdung des eigenen Lebenskraftkörpers.

Vorgänge im Lebenskraftkörper			
	Ziel		
	Astralreise	*Kundalini*	*Hypnose*
Bewußt-wer-dung des Lebens-kraft-körpers	1. Schritt zur Ruhe kommen (sich setzen oder legen)	zur Ruhe kommen (sich setzen oder legen)	„Setzt Dich hin."
	2. Schritt sich entspannen	sich entspannen	„Du bist entspannt."
	3. Schritt das Erlebnis von Schwere	das Erlebnis von Schwere	„Du bist schwer."
	4. Schritt das Erlebnis von Wärme	das Erlebnis von Wärme	„Du wirst warm."
Hand-lung mit dem Lebens-kraft-körper	5. Schritt das Erlebnis eines Vibrierens mit 6Hz	das Erlebnis von Pulsieren, Prickeln, Hitze u.ä.	„Du wirst müde."
	6. Schritt Bewegungen einzelner Glieder (Arm, Bein u.ä.) des Astralkörpers und/oder Schwanken des Astralkörpers wie bei hohem Seegang (man erlebt dies als vermeintliche Bewegungen des physischen Körpers)	Drehen und Winden im Wurzelchakra (Kundalini-Schlange)	„Du schläfst ein."
	7. Schritt bewußtes Verlassen des physischen Körpers	das Erlebnis des Auf-steigens der Kundalini vom Wurzelchakra zum Scheitelchakra	Der Hypnotiseur übernimmt die Funktion des Wach-bewußtseins des Hypnotisierten.

Aufgrund dieses engen Zusammenhangs zwischen der Astralreise, die die Grundlage der ältesten und weltweit verbreiteten Religionsform des Schamanismus ist, müssen die Schamanen schon früh beim Erlernen der Astralreise auch das Kundalinifeuer entdeckt haben – gut die Hälfte des Weges zu beiden Erlebnissen besteht in der Bewußtwerdung des eigenen Lebenskraftkörpers.

Die Schamanen beherrschen folglich nicht nur die Astralreise, sondern kennen auch das Kundalinifeuer – und diese Kenntnis reicht bis mindestens in die mittlere Altsteinzeit zu der Entstehung des Schamanismus zurück.

I 2. Die Kundalini in der Jungsteinzeit

Zu Beginn der Jungsteinzeit, also um 10.000 v.Chr., wurden die Tempel von Göbekli Tepe, Nevali Cori, Jericho usw. im nördlichen Mesopotamien errichtet. In ihnen finden sich einige Darstellungen der Kundalini – insbesondere eine Kopf-Skulptur mit aufsteigender Schlange. Es gibt auch steinerne Totempfähle, Reliefs auf Tempel-Säulen, Ritzungen auf Steinplatten u.ä., auf denen Schlangen dargestellt worden sind, die zum Teil als Kundalini erkennbar sind.

Auf diesen steinernen Totempfählen und Tempelsäulen sind auch Seelenvögel dargestellt worden. U.a. findet sich der Seelenvogel als Vogel, der auf dem Nacken eines Menschen sitzt und über seinen Kopf hinweg nach vorne schaut. Genau dieselbe Darstellung findet sich auch noch 7000 Jahre später bei einer Statue des Pharaos Chephren, der eine der Pyramiden von Gizeh hat erbauen lassen.

Diese Seelenvogel-Statuen finden sich weltweit als Totempfahl: der Pfahl selber ist ein Mensch und der Vogel oben auf diesem Pfahl ist sein Seelenvogel. Die älteste Darstellung eines solchen Seelenvogels stammt aus den Höhlenmalereien von Lascaux.

Kundalini und Seelenvogel/Astralreise	

steinerner Kopf mit aufsteigender Kundalini (Nevali Cori, Nordmesopotamien; ca. 9.000 v.Chr.)	*Jagdunfall: (Beinahe-)Toter, Wisent, Speer, Vogelstab (Vorläufer des Totempfahls) mit Seelenvogel (Höhle von Lascaux, Südfrankreich; ca. 20.000 v.Chr.)*

I 3. Die Kundalini bei den Indogermanen

Um ca. 7000 v.Chr. sind die Vorfahren der Indogermanen von Nordmesopotamien aus über den Kaukasus in die südrussische Steppe gezogen und haben dabei das Weltbild von Göbekli Tepe, Nevali Cori usw. mitgenommen, also auch die Kenntnisse über die Kundalini und die Astralreise.

Ab 2800 v.Chr. haben sie sich in einzelne Völker aufgeteilt. Von diesen indogermanischen Einzelvölkern haben die Inder das Erlebnis des aufsteigenden Kundalini-Feuers am systematischsten erforscht. Daher denkt man heute bei dem Wort „Kundalini" vor allem an Indien.

Aber auch bei den Kelten war die Kundalini gut bekannt, wie z.B. der Bericht der Kampfekstase des Helden Cú Chulain zeigt, der der Sohn des Sonnengottes Lugh gewesen ist. In der betreffenden Schilderung in dem irischen National-Epos „Der Rinderraub von Cuailgne" werden insbesondere das Aufsteigen und die Hitze eindrücklich geschildert. Die Kampfekstase war eine Anwendung der erwachten Kundalini auf den Kampf.

Auch der keltische Schamanengott Cernunnos wird von einer gehörnten Schlange („Drache") begleitet. Dieses Motiv findet sich auch in Mesopotamien: Der Sonnengott Marduk wird von einer gehörnten Schlange begleitet.

Bei den Germanen wird ebenfalls die Kampfekstase beschrieben, die offenbar von diesen beiden westlichsten Völkern der Indogermanen entwickelt worden ist. Es finden sich bei den Germanen jedoch auch außerhalb der Kampfekstase Darstellungen der Kundalini.

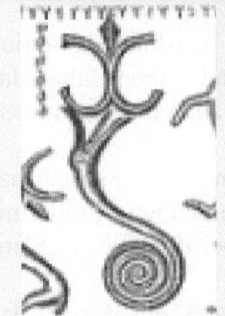

stilisierter Mann und Kundalini unter Wurzelchakra (Goldhorn von Gallehus, Dänemark; 400 n.Chr.)

Mann mit Kundalini-Schlange unter dem Wurzelchakra (Isle of Man; Großbritannien; ca. 950 n.Chr.)

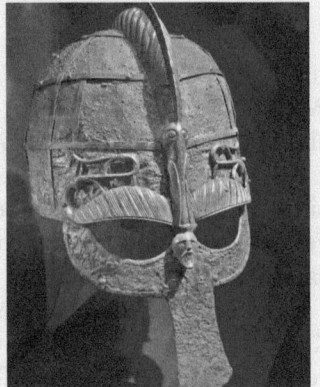

Helm mit Schlange, die über den Kopf zum Dritten Auge kriecht (Schweden; ca. 700 n.Chr.)

Cernunnos (Gundestrup-Kessel, Dänemark, 400 v.Chr.)

Marduk (Mesopotamien, ca. 2500 v.Chr.)

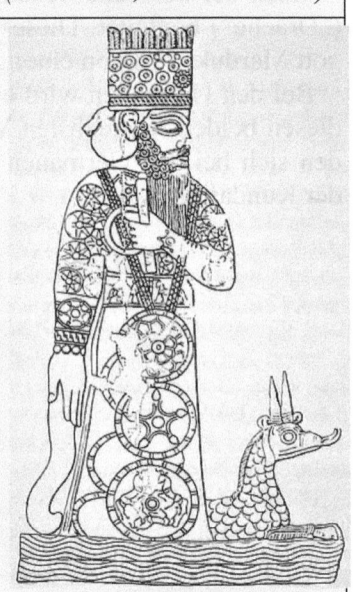

Marduk (Mesopotamien, ca. 2500 v.Chr.)

I 4. Die Kundalini in Mittelamerika

Bei den Tolteken, Azteken, Mayas und einigen anderen Völkern in Mittelamerika ist Quetzalcoatl eine der wichtigsten Gottheiten. Dieser Gott hat die Gestalt einer Schlange, die mit den blauen Federn des Quetzal-Vogels bedeckt ist. Sein Name bedeutet „Federschlange".

Er ist also eine Schlange/Vogel-Mischform, wie sie sich auch bei den Chinesen als fliegender Drache und in Europa als geflügelter Drache findet. Dieses Fabelwesen ist aus der Verbindung der Ahnenschlange bzw. der Kundalinischlange mit dem Seelenvogel entstanden. In vielen Fällen ist dieses Mischwesen mit dem Feuer assoziiert worden und kann z.B. Feuer spucken.

Bei den Azteken wird er u.a. als Schlange hinter einem Mann mit Jaguar-Maske, also hinter einem Schamanen dargestellt. Er war die Schutzgottheit der aztekischen Priester und auch der Hüter des Wissens. Er galt bei ihnen als „weisester Mann", d.h. er kennt das Jenseits und somit auch die Magie.

Quetzalcoatl war auch der Windgott. Der Wind wurde über den Atem bei fast allen Völkern auch mit dem Leben und daher auch mit der Seele assoziiert – so heißen im alten Testament der Wind und die Seele beide „ruach" und bei den Germanen war Tyr als Jenseitsgott auch der „Atem-König", d.h. der Seelenkönig.

Bei den Tolteken war „Quetzalcoatl" auch ein militärischer Rang – gab es auch bei den Tolteken Ekstasekrieger?

Quetzalcoatl	

Kundalini hinter Schamane mit Jaguar-Maske (Azteken, 900 v.Chr.)	*Visions-Schlange, die die Unterwelt zeigt (Mayas, ca. 400 n.Chr.)*

I 5. Die Kundalini bei anderen Völkern

Da sowohl die Astralreise als auch die Kundalini zu den grundlegenden magisch-spirituellen Erlebnissen zählen, finden sich in vielen Traditionen mehr oder weniger deutliche Hinweise auf sie.

Oft läßt sich jedoch nicht genau sagen, wie die Geschichte dieser Tradition aussieht, was vor allem daran liegt, daß diese Erlebnisse immer wieder auch unabhängig von einer Überlieferung entdeckt werden können.

Die Astralreise wird schon früh in der Altsteinzeit aufgrund der damals häufigen Nahtod-Erlebnisse bekannt gewesen sein. Derartige Ohnmachten, bei denen die Seele (Astralkörper) den physischen Leib verläßt, sind auch schon bei Tieren beobachtet worden. Der erste konkrete Hinweis auf einen Seelenvogel ist jedoch noch relativ jung: der Vogel auf einem Stab in der Höhle von Lascaux, der vor ca. 22.000 Jahren gemalt worden ist.

Es ist allerdings wahrscheinlich, daß es bereits um 50.000 v.Chr. klare Vorstellungen nicht nur über den Astralkörper („Seelenvogel"), sondern auch über die Kundalini gegeben haben wird. Zu dieser Zeit lebte in Eurasien der Homo erectus und der Neandertaler, zu denen aus Afrika der Homo sapiens hinzugewandert war. Aus der kulturellen Synthese dieser drei Menschenarten ist eine neue Kultur entstanden, die u.a. Göttinnenstatuetten, Musikinstrumente, Höhlenmalereien, Seelenvogel-Darstellungen, Totempfähle und vermutlich auch eine genauere Erforschung der Kundalini hervorgebracht hat.

Diese Elemente sind in Afrika, von wo der Homo sapiens stammt, garnicht oder nur in geringen Spuren zu finden – wenn man einmal von dem allgemeinen Schamanismus und der Muttergöttin absieht, die vermutlich bis in die früheste Altsteinzeit vor mehr als einer Millionen Jahre zurückreichen. Das spricht dafür, daß die oben genannten Elemente erst durch die Kultur-Synthese vor 50.000 Jahren entstanden sind.

Natürlich könnte es sein, daß es manche dieser Elemente schon vor 50.000 v.Chr. bei dem Homo erectus und beim Neandertaler gegeben hat, aber davon fehlen konkrete Spuren. Doch immerhin sind vom Homo erectus Altäre, Kult-Stierschädel, das Aufbewahren von Totenschädeln u.ä. bekannt, die 300.000 Jahre alt sind. Auch die Schwitzhütten stammen vermutlich zumindestens aus der mittleren Altsteinzeit vor ca. 600.000 Jahren – sie sind ebenfalls eine „Erfindung" des Homo erectus. Die Neandertaler haben bereits vor 180.000 Jahren Ritual-Steinkreise in Höhlen angelegt. Religion ist also schon deutlich älter als die jüngere Altsteinzeit, die vor 50.000 Jahren begonnen hat.

Auch die Indianer stammen von dieser Mischkultur ab die vor allem dem Homo erectus und dem Homo sapiens, die vor 50.000 Jahren entstanden ist. Die Vorfahren der Indianer sie sind um 14.000 v.Chr. von Nordost-Asien über die während der Eiszeit trockenliegende Beringstraßen-Landbrücke nach Nordwest-Alaska und dann weiter bis hinunter nach Feuerland gewandert.

Diese Überlegungen beweisen natürlich nicht, daß die Kundalini seit ca. 50.000 Jahren (oder mehr) bekannt ist, aber dieses Datum hat zumindestens eine gewisse Wahrscheinlichkeit, da die Kundalini in Eurasien, Amerika und Australien eine große Ähnlichkeit hat, aber in Afrika weitgehend fehlt. Sie könnte natürlich auch auf eine Tradition des Homo erectus, der in Eurasien gelebt hat, zurückgehen und dann deutlich älter als „nur" 50.000 Jahre sein.

I 6. Die Kundalini und die Kampfekstase

Die Kampfekstase ist recht sicher eine Weiterentwicklung der schamanischen Ekstase, die der Jenseitsreise diente. Sie findet sich bei den Germanen und Kelten sowie möglicherweise auch bei den Tolteken (was jedoch recht unsicher ist).

Im Prinzip werden bei der Kampfekstase zwei Elemente der frei fließenden Kundalini genutzt: zum einen die Einsgerichtetheit und zum anderen die Kraft der Kundalini selber. Die Kampfekstatiker, die bei den Germanen „Berserker" („Bärenhaut-Männer") oder Ulfhedinn („Wolfshaut-Männer") genannt worden sind, haben verschiede Ekstasemethoden wie Stampfen, Brüllen oder das Beißen in den Schildrand benutzt, um sich in einen „außergewöhnlichen Zustand" zu versetzen, durch den sie unempfindlich gegen Waffen und Feuer wurden und weit über das Normalmaß hinausgehende Kräfte erhalten haben.

- - -

Der religions- und magiegeschichtliche Hintergrund ist hier nur kurz skizziert worden, da er nicht das Hauptanliegen dieser kleinen Einführung in die Phänomene und die Methoden der Kundalini-Meditationen ist.

Einige Aspekte habe ich in den folgenden Büchern ausführlicher dargestellt:

- Kundalini allgemein: „Kundalini I" und „Kundalini II"
- die allgemeine Symbolik der Kundalini: „Drachenfeuer"
- die Kundalini in der frühen Jungsteinzeit: „Göbekli Tepe"
- die Symbolik der Kundalini bei den Germanen: „Die Götter der Germanen, Band 64a: Magie und Ritual I" und „Die Götter der Germanen Band 42a: Die Symbolik der Schlangen und Drachen"

II Der Charakter der Kundalini

Um die Wichtigkeit der Kundalini für das eigene Leben einschätzen zu können, ist es notwendig, möglichst zutreffend zu verstehen, was die Kundalini eigentlich ist.

II 1. Die Lebenskraft

Die Kundalini ist kein physisches Organ und auch kein physischer Prozeß – sie ist ein Vorgang im Bereich der Lebenskraft.

Was ist nun die Lebenskraft? Sie wird im Allgemeinen wie eine „nicht-physische Substanz" behandelt – obwohl sie als „Kraft" bezeichnet wird. Vermutlich ist es am präzisesten, die Lebenskraft als die Phänomene an der Grenze zwischen Bewußtsein und Materie aufzufassen. Man kann mit der Lebenskraft alle Vorgänge beschreiben, in der das Bewußtsein direkt auf die Materie wirkt: Telepathie, Telekinese, Magie, Meditation, Geister, Geistheilungen, Wunder usw. Schon dieser Umstand legt nahe, die Lebenskraft als ein Bild aufzufassen, das der Beschreibung der Prozesse am Übergang von Bewußtsein zu Materie dient.

II 2. Die Chakren

Die Lebenskraft ist nicht strukturlos, sondern bildet bestimmte Strukturen aus, die sich sowohl im Bewußtseins als auch in der Natur beobachten lassen – wie man es von einer „Substanz", die den Übergang zwischen Bewußtsein und Materie beschreibt, auch erwarten sollte. Wenn die Lebenskraft keine Strukturen und Prozesse ausbilden würde, die sich sowohl im Bewußtsein als auch in der Materie wiederfinden lassen, könnte sie nicht die Grenze und die Verbindung zwischen Bewußtsein und Materie beschreiben.

Die wichtigste Struktur, die die Lebenskraft in dem menschlichen Körper ausbildet, sind die Chakren. Sie sind sozusagen die Lebenskraft-Organe im Menschen. Dies ist ein komplexes System, von dem jedoch vorerst nur die sieben Hauptchakren von Bedeutung sind.

Diese sieben Chakren sind auf eine einfache Weise Teil eines Systems:

- Im Zentrum steht das Herzchakra, das die Identität eines Menschen enthält. Dies entspricht dem Tiefschlaf-Bewußtsein, das man in der Stille-

Meditation bewußt erreichen kann. Das Herzchakra entspricht bei Freud der genitalen Ebene.

- Nach unten hin folgen drei Chakren, die sich auf den eigenen Körper beziehen; nach oben hin folgen drei Chakren, die sich auf die Umgebung beziehen.

- Unterhalb des Herzchakras ist das Sonnengeflecht und oberhalb des Herzchakras das Halschakra. Diese beiden Chakren sind im Idealfall der ungehemmte körperliche Selbstausdruck (Sonnengeflecht) und der ungehemmte soziale Selbstausdruck (Halschakra). In diesen beiden Chakren, die dem Traumzustand entsprechen, finden sich die Gefühle. Sie kann man durch Traumreisen erkunden. Dies ist der erste Konkretisierungschritt der Identität im Herzchakra: Aus der Identität werden Impulse. Sie entsprechen bei Freud der phallischen Ebene.

- Unterhalb und oberhalb dieser beiden Chakren sind das Hara (unten) und das Dritte Auge (oben). Das Hara macht aus den körperlichen Impulsen des Sonnengeflechts einen inneren Halt, einen Standpunkt und einen konkreten Wunsch; das Dritte Auge richtet die sozialen Impulse auf konkrete Ziele hin aus. Diese beiden Chakren sind das Wachbewußtsein und das Denken. Sie entsprechen bei Freud der analen Ebene.

- Schließlich folgt unten das Wurzelchakra, das für den körperlichen Kontakt zuständig ist, und oben das Scheitelchakra, das für den geistigen Kontakt zuständig ist. Hier entsteht das konkrete Erlebnis, weshalb diese beiden Chakren mit dem Ekstase-Zustand verbunden sind – was bei dem unteren Chakren aufgrund seiner Nähe zur Sexualität offensichtlich ist. Sie entsprechen bei Freud der oralen Ebene.

Die Kundalini ist ein Prozeß innerhalb dieser Lebenskraft-Anatomie in dem eigenen Körper.

II 3. Der Lebenskraftfluß

Die sieben Hauptchakren und die verschiedenen Nebenchakren sind die Organe des Lebenskraftkörpers. In ihm gibt es jedoch auch Prozesse, die man zum größten Teil als Fluß der Lebenskraft in diesem „anatomischen System" auffassen kann.

Die „Adern", in denen diese Lebenskraft fließt, sind ein wichtiger Bestandteil des Yogas und vieler „Lebenskraft-Heilweisen" wie z.B. der Akupunktur.

Die „Hauptader" verläuft vom Wurzelchakra gerade in der Körpermitte nach oben zum Scheitelchakra – sie wird im Yoga „Sushumna" genannt. Links und rechts neben ihr gibt es die beiden wichtigsten „Nebenadern" – sie werden als „Ida" und Pingala" bezeichnet. Die Sushumna ist mit dem Bild der eigenen Seele verbunden; Ida und Pingala sind mit dem Bild des eigenen inneren heilen Mannes und der eigenen heilen inneren Frau verbunden.

Weitere „Lebenskraft-Adern" sind die Nadis aus dem Yoga und die Akupunktur-Meridiane aus der traditionellen chinesischen Medizin.

Man kann den Fluß der Lebenskraft im Lebenskraftkörper dem Blutkreislauf im physischen Körper vergleichen. Dieser Lebenskraftfluß ist primär eine Konvektions-strömung, also eine kreisförmige Strömung – so wie auch der Blutkreislauf eine solche Konvektionsströmung ist. Die Lebenskraft steigt in der Körpermitte wie der Strahl eines Springbrunnens auf, entfaltet sich oben über dem Scheitelchakra wie die Fontaine eines Springbrunnens und fließt dann außerhalb des Körpers wie die Tropfen eines Springbrunnens wieder nach unten zu dem Wurzelchakra, von wo aus die Lebenskraft dann erneut wieder im Inneren des Körpers aufsteigt.

Dieser aufsteigende Teil des Lebenskraftflusses ist das, was man als „Kundalini" oder als „aufsteigendes Kundalinifeuer" bezeichnet.

Das System der Chakren und der „Lebenskraft-Adern" ist noch deutlich komplexer als es hier dargestellt worden ist, aber diese einfache Version genügt vorerst, um das Wesen der Kundalini skizzieren zu können.

Eine ausführliche Darstellung findet sich in meinem Buch „Das Chakrensystem mit den Nebenchakren".

II 4. Die Funktionen der Kundalini

Auf seinem Weg vom Wurzelchakra zum Scheitelchakra fließt die Kundalini durch alle sieben Hauptchakren. Offensichtlich ist es eine Aufgabe der Kundalini, die sieben Chakren miteinander zu verbinden und die Informationen in ihnen auch nach außen zu tragen, wenn sie außerhalb des Körpers am Außenrand des Lebenskraftkörpers („Aura") wieder nach unten fließt.

Einige weitere Funktionen der Kundalini ergeben sich später noch bei der Betrachtung der Dynamik und der Wirkung der erwachten Kundalini sowie bei der Betrachtung der Phänomene, die auftreten, wenn der Fluß der Kundalini blockiert ist.

II 5. Die Kundalini und das Herzchakra

Im Lebenskraftkörper gibt es mindestens zwei Dynamiken, die offensichtlich unterschiedliche Aufgaben haben, da es sie sonst nicht beide geben würde:

- Im Herzchakra liegt die Identität, die schrittweise durch die drei Chakrenpaare zu konkreten Erlebnissen wird: Die Identität (Herzchakra) wird erst zu Gefühlen und Impulsen (Sonnengeflecht und Halschakra), danach zu konkreten Absichten und Vorstellungen (Hara und Drittes Auge) und schließlich zu konkreten Handlungen und Erlebnissen im Hier und Jetzt (Scheitelchakra und Wurzelchakra).
Von dem Herzchakra geht also ein Strahlen aus, das die Identität in die Welt hinausträgt. Idealerweise drückt man durch jede Handlung und jede Haltung genau das aus, was man wirklich ist.
Das Herzchakra führt zu dem Drang, das eigene Innerste im Außen auszudrücken und zu erleben.

- Das Fließen der Lebenskraft, von dem die Kundalini der aufsteigende Teil ist, verbindet alle Chakren miteinander und sorgt für einen ständigen Austausch zwischen ihnen. Sie sorgt zudem dafür, daß alle Inhalte der Chakren, d.h. alle Bilder in der Psyche auch nach außen auf die Außenfläche des Lebenskraftkörpers („Aura") gelangen, wo sie die dazu passenden Erlebnisse herbeiziehen. Dies ist unter anderem die Grundlage für die Magie, bei der durch die Imagination von Bildern Ereignisse herbeigerufen werden. In gleicher Weise rufen jedoch auch die Ängste, Süchte und Selbstzweifel in der eigenen Psyche die zu ihnen passenden Ereignisse im Außen herbei.
Das Fließen der Kundalini sorgt also dafür, daß alle Inhalte der Chakren und somit der Psyche zu einer Gesamthaltung integriert werden und daß diese Inhalte auch nach außen auf die „Haut" des Lebenskraftkörpers getragen werden, wo sie wie „Steckdosen" die zu ihnen passenden „Stecker" herbeirufen. Das hat den Effekt, daß man im Außen den eigenen inneren Zustand erlebt.
Das Fließen der Kundalini führt also zu einer Spiegelung des Innen im Außen.

Das Herzchakra und die Kundalini bzw. der gesamte Lebenskraft-Kreislauf arbeiten zusammen und führen gemeinsam dazu, daß man sich selber in seinen Erlebnissen wiederfindet und daß man die eigene Essenz (Seele im Herzchakra) immer klarer und reiner und intensiver ausdrücken kann.

III   Die Kundalini und der physische Körper

Die Chakren werden oft als die „Innenseite" oder als der „Lebenskraft-Aspekt" bestimmter Organe angesehen. Entsprechend müßte die Kundalini dann auch die Lebenskraft-Entsprechung z.B. des Blutkreislaufs sein.

III 1.   Kundalini, Chakren und Organe

Wenn man die Zusammenhänge zwischen den Chakren und den Organen betrachtet und auch wenn man sich den Zusammenhang zwischen der Kundalini und dem Blutkreislauf genauer anschaut, fällt auf, daß vieles, aber keineswegs alles übereinstimmt. Es scheint also einen Zusammenhang zu geben, der jedoch nicht in einer einfachen Gleichsetzung der Chakren mit den Organen bestehen kann.

Wenn man die Anatomie des Menschen über die Affen, die frühen Säugetiere, die Reptilien, die Amphibien und die Fische bis zu den Einzellern zurückverfolgt, läßt sich feststellen, daß manche Organe im Laufe der Evolution neue Funktionen erworben haben, daß andere Organe an eine andere Stelle im Körper gewandert sind und daß es noch einige andere Formen der Organ-Veränderung gegeben hat.

Je weiter man in der Geschichte der Anatomie der Lebewesen in die Vergangenheit zurückkehrt, desto besser stimmen die Funktionen der Organe mit dem Charakter der Chakren, die sich an der betreffenden Stelle im Körper befinden, überein. Bei den ersten, einfachen Lebewesen läßt sich eine vollständige Übereinstimmung zwischen dem Charakter der Chakren und der Funktion der Organe feststellen.

Da die Chakren die „Organe" der Lebenskraft sind und die Lebenskraft der Übergang von Bewußtsein zu Materie ist, sollte man ja auch erwarten, daß die ersten Lebewesen in ihrem Aufbau noch mit der Struktur der Chakren übereinstimmen – was ja auch der Fall ist.

Dasselbe gilt für die Kundalini, d.h. für den gesamten Lebenskraftfluß im Körper, der dem Blutkreislauf entspricht.

Die genaueren Details sind für das Verständnis der Kundalini nicht wichtig. Der Befund zeigt vor allem, daß die Auffassung der Lebenskraft als des Grenzbereiches zwischen Bewußtsein und Materie (Körper) zutreffend ist.

Bei Bedarf können die Einzelheiten in meinem Buch „Chakren und Organe" nachgelesen werden.

III 2. Gehirnstruktur und Meditationshaltung

Das Gehirn ist sehr komplex, aber keineswegs chaotisch aufgebaut. Auf der Oberfläche des Großhirns („Cortex") befinden sich Bereiche, die den einzelnen Körperteilen entsprechen und die die Wahrnehmungen dieser Organe verarbeiten und Bewegungsimpulse zu ihnen senden.

Diese Körperbereiche sind auf der Cortex in einer bestimmten Reihenfolge angeordnet, die aus vier Bereichen besteht, die aufeiander folgen. Diese Anordnung sieht folgendermaßen aus:

1. Genitalien
2. Zehen – Füße – Beine – Leib (außen) – Hals – Kopf
3. Schultern – Arme – Hände – Finger
4. Augen – Nase – Lippen – Zähne – Zunge – Rachen – Eingeweide

Der Lebenskraftfluß, von der die Kundalini der aufsteigende Teil ist, entspricht weitgehend dieser Folge:

1. aufsteigend (Kundalini): Leib bis Kopf
2. absteigend: Augen bis Eingeweide / Schultern bis Finger

Diese Übereinstimmung ist nicht perfekt, aber doch immerhin so passend, daß sie eigentlich kein reiner Zufall sein kann.

Dieser Befund entspricht also der vorigen Betrachtung über die Übereinstimmung der Chakren mit den Organen bzw. der Übereinstimmung zwischen dem Lebenskraft-Kreislauf mit dem Blutkreislauf.

Aus den Abweichungen zwischen der Anordnung der Körperteile auf der Großhirn-Cortex und dem Fluß der Lebenskraft im Körper läßt sich eine Körperhaltung ableiten, die auch die Grundhaltung im Kundalini-Yoga ist. Sie wird später in diesem Buch beschrieben.

IV   Die Dynamik der Kundalini

Die Kundalini hat eine ausgeprägte Dynamik, deren Kenntnis das Erwecken der Kundalini erleichtern kann – und vor allem ein bißchen Orientierung gibt. Diese Dynamik hängt natürlich eng mit der Eigendynamik der Lebenskraft zusammen und auch mit den Strukturen, die sie aus sich heraus ausbildet.

IV 1.   Die Chakren

Am einfachsten kann man die Grundstruktur der Lebenskraft an dem System der Chakren sehen, das vollkommen symmetrisch ist:

Die Symmetrie der Chakren							
Bereich	*Chakra*	*Qualität*	*Freud*		*Symmetrie*		
Außen	Scheitelchakra	geistiger Kontakt	orale Phase				
	Drittes Auge	geistige Form = Orientierung	anale Phase				
	Halschakra	sozialer Selbstausdruck	phallische Phase				
Zentrum	Herzchakra	Identität	genitale Phase				
Innen	Sonnengeflecht	körperlicher Selbstausdruck	phallische Phase				
	Hara	körperliche Form = innerer Halt	anale Phase				
	Wurzelchakra	körperlicher Kontakt	orale Phase				

Für die Betrachtung der Kundalini sind auch die sechs Zwischenchakren von Bedeutung, die zwischen den sieben Hauptchakren liegen. Man kann die sieben Hauptchakren wie die Hauptstädte von sieben Königreichen auffassen. Zwischen

21

diesen sieben Königreichen gibt es jeweils eine Grenzmauer, die aber ein Tor hat: die sechs Zwischenchakren. Wenn es einen Stau in der Lebenskraft gibt, liegt die Blockade in diesen sechs Zwischenchakren: dann ist mindestens eins der sechs Tore verschlossen.

Bei den sechs Zwischenchakren ist die Symmetrie des Chakrensystems sehr deutlich erkennbar:

- Das zentrale Königreich ist der Brustraum, also der von den Rippen umschlossene Bereich des Körpers. In seinem Zentrum liegt das Herzchakra als „Hauptstadt".

Am unteren Ende des Brustbeins liegt das Wunschbaum-Zwischenchakra, an dem sich die Identität in allgemeine, körperliche Wünsche verwandelt.

Am oberen Ende des Brustbeins liegt das Thymus-Zwischenchakra, daß die Identität in allgemeine, soziale Wünsche verwandelt.

Die Rippen sind der innerste Schutzbereich.

- Die beiden Königreiche unterhalb und oberhalb des Brustraums sind das Königreich des Sonnengeflechts und das Königreich des Halschakras.

Das Sonnengeflecht-Königreich wird nach oben hin durch das Wunschbaum-Zwischenchakra begrenzt. Nach unten hin wird es durch das Zwischenchakra der inneren Nahrungsaufnahme (vor der Geburt) begrenzt: das Nabel-Zwischenchakra (Nahrungsaufnahme durch die Nabelschnur vor der Geburt).

Das Halschakra-Königreich wird noch unten hin durch das Thymus-Zwischenchakra begrenzt. Nach oben hin wird es durch das Zwischenchakra der äußeren Nahrungsaufnahme (nach der Geburt) begrenzt: das Gaumen-Zwischenchakra.

Die Ernährung ist ein Austausch mit der Umwelt.

- Die beiden Königreiche unterhalb und oberhalb dieser drei mittleren Königreiche sind das Königreich des Haras und das Königreich des Dritten Auges.

Das Hara-Königreich wird nach oben hin durch das Nabel-Zwischenchakra begrenzt. Nach unten hin wird es durch das Schamhaar-Zwischenchakra begrenzt.

Das Dritte Auge-Königreich wird noch unten hin durch das Gaumen-Zwischenchakra begrenzt. Nach oben hin wird es durch das Haupthaar-Zwischenchakren begrenzt.

Die Haare sind ein äußerer Schutz.

Diese Symmetrie wird deutlicher, wenn man sie graphisch darstellt:

Die Symmetrie der Chakren							
Bereich	**Chakra**	**Qualität**	**Freud**	**Symmetrie**			
	Scheitelchakra	geistiger Kontakt	orale Phase				
	Haupthaar-Zwischenchakra (Haar)						
Außen	Drittes Auge	geistige Form = Orientierung	anale Phase				
	Gaumen-Zwischenchakra (Nahrung)						
	Halschakra	sozialer Selbstausdruck	phallische Phase				
	Thymus-Zwischenchakra (Rippen)						
Zentrum	Herzchakra	Identität	genitale Phase				
Innen	*Wunschbaum-Zwischenchakra (Rippen)*						
	Sonnengeflecht	körperlicher Selbstausdruck	phallische Phase				
	Nabel-Zwischenchakra (Nahrung)						
	Hara	körperliche Form = innerer Halt	anale Phase				
	Schamhaar-Zwischenchakra (Haar)						
	Wurzelchakra	körperlicher Kontakt	orale Phase				

IV 2. Das Sonnensystem

Wenn die Lebenskraft eine allgemeine Dynamik und eine sich aus dieser Dynamik ergebende Struktur haben sollte, dann sollte sich diese Struktur auch in der Materie finden – vor allem in den allereinfachsten Formen, da diese vermutete Lebenskraft-Struktur dort noch nicht von späteren Entwicklungen überlagert worden sein kann.

Das eindrücklichste Beispiel ist unsere Sonne oder allgemeiner ein Stern (eine Sonne in einem anderen Planetensystem) sowie der durch sie geprägte Umraum. Dort findet sich genau dieselbe Dynamik und Struktur wie in dem Chakrensystem.

- Das Zentrum ist die Sonne – in ihr entsteht die Hitze und das Licht und sie enthält den weitaus größten Teil der Masse des gesamten Sonnensystems.
Sie entspricht dem Herzchakra.

- Die Sonne strahlt nicht nur Licht und Hitze, sondern auch Ionen in ihren Umraum ab. Diese Ionen kollidieren mit dem Sternenstaub, der aus einzelnen Atomen und aus feinem Staub besteht und überall in der ganzen Galaxie, zu der unsere Sonne gehört, verteilt ist. Die von der Sonne kommenden Ionen schieben diesen Sternenstaub von der Sonne fort, wodurch sich rings um die Sonne ein Bereich bildet, der vollständig von den Sonnen-Ionen geprägt wird, die man ein wenig poetisch „Sonnenwind" nennt.
Dieser Bereich entspricht dem ungehemmten Selbstausdruck des Sonnen-geflechts und des Halschakras.

- Der Sonnenwind schiebt den Sternenstaub immer weiter nach außen – so wie ein Schneeschieber den Schnee vor sich her schiebt. Dadurch entsteht ein kugelförmiger „Wall" rings um die Sonne, der sich mittlerweile außerhalb der Umlaufbahn des Plutos befindet. Dieser „Wall" besteht aus dem Sternenstaub und den Sonnen-Ionen, die aus dem Sonnen-Umraum fortgeschoben wor-den sind. Doch obwohl dieser Hohlkugel-förmige „Wall" nur eine dichte Staubwolke ist, hat er insgesamt ungefähr dieselbe Masse wie die Erde. Dieser „Wall" wird meistens „Stoßfront" genannt.
Dieser Bereich entspricht der Struktur und der Grenzsetzung des Haras und des Dritten Auges.

- Die Stoßfront weitet sich aus und die Sonne bewegt sich durch die Gala-xie. Das bedeutet, daß sich die kugelförmige Stoßfront rings um die Sonne wie ein Schiff durch das Meer des Sternenstaubs bewegt. Vor jedem Schiff gibt es eine Bugwelle – sie ist die Stelle, wo sich Schiff und Wasser treffen. Eine solche Bugwelle gibt es auch vor der Stoßfront.

Dieser Bereich entspricht dem Kontakt mit der Umwelt durch das Wurzelchakra und das Scheitelchakra.

- Die Sonne enthält Ionen (elektrisch geladene Teilchen) und bewegt sich. Eine bewegte Ladung läßt ein Magnetfeld entstehen. Zusätzlich zu ihrer Bewegung durch die Galaxie rotiert die Sonne auch noch um ihre Achse. Eine Rotation faßt das Magnetfeld zu zwei Strahlen zusammen, die durch die beiden Pole der Drehachsen-Rotation austreten – dies sind bei der Erde der Nordpol und der Südpol. Diese beiden Strahlen werden „Jets" genannt – sie ragen weit über das Sonnensystem selber in den Weltraum hinaus.

Diese beiden Jets entsprechen im Chakrensystem der Sushumna, die nach oben und nach unten aus dem Herzchakra herausragt. Die Sushumna ist der zentrale Lebenskraftkanal, an dem die sieben Hauptchakren aufgereiht liegen – die Sushumna führt dabei auch durch die Tore der sechs Zwischenchakren.

- An diesen beiden Jets fliegen Ionen nach außen, die durch das Magnetfeld beschleunigt werden. Da es zwei verschiedene elektrische Ladungen gibt, werden diese Ionen auch auf zwei verschiedene Weisen beschleunigt: eine rechtsdrehende und eine linksdrehende Spirale in den Weltraum hinaus.

Diese beiden Spiralen entsprechen im Chakrensystem Ida und Pingala, also den beiden neben der Sushumna liegenden Lebenskraftkanälen, die sich an jedem Chakra kreuzen – sie sehen aus wie zwei gegenläufige Spiralen (3D-Darstellung), die man von der Seite betrachtet: zwei Schlangenlinien, die sich regelmäßig an den Chakren kreuzen (2D-Darstellung).

- In der Sonne findet im Zentrum die Kernfusion statt, durch die eine große Hitze entsteht. Die im Kern der Sonne erhitzte Materie steigt an die Oberfläche der Sonne empor, weil heiße Materie leichter ist als kühlere Materie. An der Oberfläche der Sonne kühlt diese Materie dann wieder ab und sinkt wieder in das Zentrum der Sonne zurück.

Diese Konvektionsströmung („kreisförmige Strömung") entspricht der Konvektionsströmung der Lebenskraft im menschlichen Körper, die man mit dem Bild des Springbrunnens beschreiben kann: im Körper als Strahl aufsteigen („Kundalini"), sich über dem Scheitelchakra zu einer Fontaine entfalten, rings um den Körper wieder nach unten zurückfließen und sich dann im Wurzelchakra erneut sammeln, um dann wieder aufzusteigen.

Die Kundalini ist also ein Aspekt der Dynamik der Lebenskraft. Sowohl diese Dynamik als auch diese Grundstruktur prägt nicht nur die Lebenskraft (und daher auch das Bewußtsein), sondern auch die einfachen Formen der Materie.

IV 3. Der Vajra

Diese Grundstruktur findet sich auch in der Religion als Symbol wieder; der Vajra, d.h. der „Donnerkeil" aus der indisch-tibetischen Symbolik.

Dieses Symbol ist ursprünglich im jungsteinzeitlichen Mesopotamien ein Symbol des Blitzes des Himmelsgottes gewesen. Er hat sich nach und nach weiterentwickelt und ist schließlich zu dem komplexen indisch-tibetischen Symbol des innersten Wesens der Welt geworden.

Der Vajra ist wie das Chakrensystem und das Sonnensystem aufgebaut:

Vajra

In der Mitte ist eine Kugel – das Zentrum: das Herzchakra bzw. die Sonne.

Auf die Kugel folgen zwei Lotusblüten – die erste Entfaltungs-Stufe: das Sonnengeflecht und das Halschakra bzw. der Bereich des Sonnenwinds.

Auf die Lotusblüten folgen die Köpfe der vier Elefanten, die die vier Elemente darstellen – die zweite Entfaltungs-Stufe: das Hara und das Dritte Auge bzw. die Stoßfront.

Auf die Elefantenköpfe folgen die Elefantenrüssel – die dritte Entfaltungs-Stufe: das Wurzelchakra und das Scheitelchakra bzw. die Bugwelle.

IV 4. Die Kornkreise

Bei den Kornkreisen bildet die „polare Entfaltung aus einem Zentrum heraus" die wichtigste Grundstruktur, die sich in vielen Kornkreisen wiederfinden läßt.

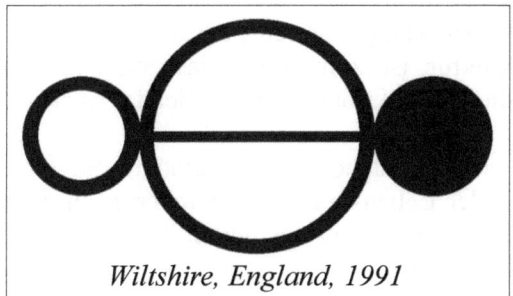

Wiltshire, England, 1991

Dieser Kornkreis aus Wiltshire in Südengland, hat einen deutlich polaren Aufbau: ein offener Kreis, ein geschlossener Kreis sowie eine Verbindungslinie und ein Zentralkreis.

Das entspricht dem astrologischen Zeichen für den Oppositions-Aspekt, also für den Ergänzungs-Gegensatz: ♂

In diesem Kornkreis fühlt sich der Ring auf der linken Seite, wenn man ihn betritt, wie ein Berg an – die Kreisfläche auf der rechten Seite hingegen wie eine Höhle. Diesen Gegensatz könnte man auch als Strahlen und Saugen, außen und innen, hell und dunkel usw. beschreiben. Das bestätigt die Deutung dieser Struktur als Ergänzungsgegensatz.

Auf der Linie zwischen diesen beiden Polen war eine große, konstante Spannung zu spüren – eben das, was man zwischen zwei Polen auch erwarten sollte.

Der große Ring in der Mitte fühlt sich jedoch an jeder Stelle anders an und dieselbe Stelle war auch nach drei Minuten nicht mehr so wie vorher. Das liegt daran, daß in diesem Ring etwas fließt, kreist, pulsiert, rotiert – vermutlich die Lebenskraft.

Diese dreiteilige, polare Struktur erinnert u.a. auch an die Dreigliederung von Rudolf Steiner: ein Pol, der verfestigt („Ahriman"), ein Pol, der auflöst („Luzifer"), und dazwischen ein pulsierendes System („Christus").

Der Ring in der Mitte ist auch der Tierkreis, auf dem die Planeten entlangwandern, wobei zwei Stellen, die sich auf dem Tierkreis gegenüber liegen (astrologische Opposition), auch entgegengesetzte, aber sich ergänzende Qualitäten haben.

Diese Struktur ist somit auch eine Variante des Yin/Yang-Zeichens: ☯ die beiden Pole stellen den Urgegensatz Yin und Yang dar sowie den ewigen Wandel, der durch sie entsteht und der im I Ging beschrieben wird.

Dieser Kornkreis enthält zwar nicht die drei Entfaltungs-Stufen, aber immerhin das Zentrum und die beiden Pole sowie die Konvektionsströmung in dem zentralen Ring.

IV 5. Der heile Zustand

Diese Betrachtungen zeigen, daß die Lebenskraft, wenn sie sich ungehindert entfalten kann, eine bestimmte Struktur annimmt, in der es eine innere Dynamik gibt – die Konvektionsströmung.

Diese Struktur sind im Menschen die sieben Hauptchakren plus die sechs Zwischenchakren. Die Dynamik in dieser Struktur ist zum einen das Strahlen des Zentrums (Herzchakra) und zum anderen die Konvektionsströmung der Lebenskraft (Kundalini).

Der heile und daher auch angenehmste Zustand ist daher das ungehinderte Strahlen des Zentrums und das ungehinderte Fließen der Lebenskraft. Das Streben nach dem Erwecken der Kundalini ist folglich die Wiederherstellung des heilen Zustandes und somit die umfassendste Selbstheilung, die denkbar ist.

Man kann zwar auch einfach aus Neugierde nach einem Kundalini-Erlebnis streben, aber damit hätte man das Potential der Kundalini bei weitem nicht ausgeschöpft ...

V Die Vielfalt der Kundalini-Erlebnisse

Mit der Kundalini sind verschiedene Erlebnisse verbunden, von denen das „innere Feuer" die charakteristische Erfahrung ist. Wie bei so gut wie alle Dingen im Leben der Menschen gibt es verschiedene Einflüsse, die diese Erlebnisse mitprägen und ihnen sozusagen eine individuelle Färbung geben.

V 1. Kultur und Tradition

In Ländern wie Indien oder Tibet, in deren Religion die Kundalini ein fester Bestandteil ist, fällt es natürlich leicht, Kundalini-Phänomene einzuordnen und auch sachkundige Kommentare dazu zu erhalten. Natürlich sind diese Kommentare in der Regel durch die religiöse Bewertung dieser Phänomene gefärbt.

In Bereich der christlichen Religion fehlt hingegen eine Kundalini-Tradition fast vollständig. Daher wurden Kundalini-Phänomene dort bestenfalls mit Skepsis betrachtet.

In Mittelamerika wurde die Kundalini vor allem mit den Schamanen und mit dem Schlangengott Quetzalcoatl assoziiert.

So gibt es in jeder Kultur eine bestimmte Einordnung und Bewertung der Kundalini, die von „erstrebenswert" über „besser vermeiden" und „höchst gefährlich" bis hin zu „Teufelswerk" reicht. Diese kulturellen und daher kollektiven Bewertungen sind oft verinnerlicht und unbewußt, aber man wird mit ihnen zu tun bekommen, wenn man sich mit der Kundalini zu beschäftigen beginnt.

So wird es z.B. für einen Christen, für den die Schlange das Teufelssymbol schlechthin ist, nicht einfach sein, die Kundalinischlange in sich zu imaginieren oder zu erleben und sie als Symbol der Lebenskraft aufzufassen, also sie geradezu mit dem Heiligen Geist gleichzusetzen …

V 2. Das Horoskop

„Jeder Jeck ist anders …" wie man im Rheinland so weise sagt. Das wird eindrucksvoll durch die Astrologie bestätigt. Wenn man nicht gerade auf jemanden trifft, der zu demselben Augenblick an ungefähr demselben Ort geboren worden ist, wird man niemanden finden, der genauso „tickt" wie man selber. Jeder hat ein anderes Horoskop und daher auch einen anderen Charakter, eine andere Psyche – und auch ein anderes Erleben der Kundalini.

Dabei wird dieses Erleben zu einem großen Teil durch die Stellung des Mondes im Horoskop geprägt, da dieser die Lebenskraft symbolisiert. Die Kundalini hat jedoch auch Verbindungen zu allen anderen Planeten, da sie der Mars eine Kraft ist, wie die Sonne zum Strahlen führt, wie der Pluto das Existentielle ist usw.

Es ist daher notwendig, die Methode herauszufinden, die für einen selber geeignet ist. Es gibt natürlich auch Allgemeingültiges – so hat z.B. jeder sieben Hauptchakren – aber man sollte das Individuelle nicht unterschätzen und bei allen Kundalini-Meditationen immer mitberücksichtigen.

So kann ich auch in diesem Buch nur meine Sicht auf die Kundalini darstellen, die vermutlich mit der Sicht von niemand anderem vollständig übereinstimmen wird – aber man kann sich ja trotz aller Verschiedenheit auch gegenseitig Anregungen geben, da wir ja alle in derselben Welt leben und die ganze Vielfalt auf denselben Grundprinzipien beruht ... jeder hat eine Kundalini, denn sonst würde er nicht leben ...

V 3. Die Blockaden

Die Unterschiede im Erleben der Kundalini liegen zu einem sehr großen Teil auch in dem Zustand der eigenen Psyche begründet. Wenn alles im Lot ist, ist es recht einfach, die Kundalini erwecken; wenn es in der Psyche Blockaden gibt, ist das schon schwieriger; und wenn es ein oder mehrere Traumas geben sollte, wird das Erwecken der Kundalini wahrscheinlich entweder nicht einfach oder ein wenig unangenehm werden.

Das Erwecken der Kundalini ist jedoch ein sehr gut geeignetes Mittel zur Bewußtmachung und zum Heilen solcher Blockaden und Traumas – und die Selbstheilung ist letztlich der einzige wirkliche Grund, warum es sich lohnen könnte, die eigene Kundalini zu erwecken. Natürlich ist auch reine Neugier und Wissensdurst eine gute Motivation, aber damit schöpft man noch nicht das ganze Potential der Kundalini-Erweckung aus.

Die Blockaden befinden sich an den sechs Zwischenchakren – manchmal ist eines dieser sechs Tore teilweise oder ganz blockiert. In diesem Fall gibt es in dem Hauptchakra, das vom Herzchakra aus gesehen hinter diesem Zwischenchakra-Tor liegt, einen Mangel an Lebenskraft. In dem Gegenpol zu diesem „Mangel-Chakra" gibt es dann einen Lebenskraft-Stau – auch das Zwischenchakra vor diesem Hauptchakra ist teilweise oder ganz verschlossen.

Die Haltung in den beiden Zwischenchakren ist jedoch verschieden: Das eine Zwischenchakra wird aus der Angst heraus, Lebenskraft in das dahinter liegende

Chakra fließen zu lassen, verschlossen gehalten (Lebenskraft-Mangel), während das andere Zwischenchakra aus der Anstrengung heraus, alle Lebenskraft in dem dahinter liegenden Chakra zu halten (Lebenskraft-Stau), verschlossen wird.

Das führt dazu, daß bei einer Blockade immer zwei Chakren betroffen sind:

    1. orale Ebene: Wurzelchakra und Scheitelchakra
       heiler Zustand: Geborgenheit
       kranker Zustand: Mangel

          die kranke Polarität ist:

       a) Lebenskraft-Stau im Wurzelchakra
          Lebenskraft-Mangel im Scheitelchakra
          => Süchtiger

          oder die Polarität ist genau andersherum:

       b) Lebenskraft-Stau im Scheitelchakra
          Lebenskraft-Mangel im Wurzelchakra
          => Asket

    2. anale Ebene: Hara und Dritten Auge
       heiler Zustand: Kraft
       kranker Zustand: Angst

          die kranke Polarität ist:

       a) Lebenskraft-Stau im Hara
          Lebenskraft-Mangel im Dritten Auge
          => Täter

          oder die Polarität ist genau andersherum:

       b) Lebenskraft-Stau im Dritten Auge
          Lebenskraft-Mangel im Hara
          => Opfer

3. phallische Ebene: Sonnengeflecht und Halschakra
   heiler Zustand: Selbstliebe
   kranker Zustand: Selbstzweifel

   die kranke Polarität ist:

   a) Lebenskraft-Stau im Sonnengeflecht
   Lebenskraft-Mangel im Halschakra
   => Star (Größenwahn)

   oder die Polarität ist genau andersherum:

   b) Lebenskraft-Stau im Halschakra
   Lebenskraft-Mangel im Sonnengeflecht
   => Fan (Minderwertigkeitskomplex)

Dies sind die drei Ebenen, auf denen sich eine Blockade befinden kann – die jedesmal in zwei einander entgegengesetzten Ausrichtungen auftreten kann.
(Eine ausführliche Darstellung findet sich in „Das Chakrensystem mit den Nebenchakren".)

V 4. Die Methode

Das Erlebnis der Kundalini hängt auch von der Art ihrer Erweckung ab. So ist z.B. ihr spontanes Erwachen ohne eigenes Zutun etwas, was recht beunruhigend sei kann – man hat dann wahrscheinlich nicht mehr das Gefühl, alles im Griff zu haben und alles lenken zu können.

Ähnlich ist es, wenn die Kundalini unbeabsichtigt durch Drogen oder durch bestimmte Meditationstechniken erweckt wird. Man weiß dann, was der Auslöser gewesen ist, aber steht den Phänomenen evtl. trotzdem ein wenig hilflos gegenüber.

Schließlich gibt es auch verschiedene Methoden der absichtlichen Erweckung der Kundalini – was ebenfalls einen großen Einfluß auf das Erlebnis hat.

Der „indische Stil" besteht darin, durch Atemübungen u.ä. sich selber „Feuer unter dem Hintern zu machen", wodurch die Kundalini erwacht und aufzusteigen beginnt, was dazu führt, daß einem alle verdrängte Ängste, Süchte, Wut, Schmerzen usw. in der eigenen Psyche nach und nach bewußt werden. Bei dieser Methode erträgt man diese Gefühle einfach und meditiert weiter bis diese Gefühle schließlich verblassen.

Der „tantrische Stil" erzeugt ebenfalls „Feuer unter dem Hintern", indem man die

Sexualität nutzt, um das Wurzelchakra anzuregen. Dabei wird jedoch diese sexuelle Spannung nicht durch einen Orgasmus entladen, sondern so lange gehalten, bis die Lebenskraft sich einen anderen Weg sucht, auf dem sie sich bewegen kann, und dann durch die Sushumna nach oben steigt.

Der „moralische Stil" besteht darin, daß man sich selber vorbildhaft verhält, wodurch sich dann die Chakren weiterentwickeln und schließlich auch die Blockaden auflösen. Ob dieser Stil, der heute vor allem von Anthroposophen vertreten wird, tatsächlich funktioniert, ist nicht ganz sicher, da er voraussetzt, daß man das, was heil richtig, moralisch, ethisch usw. ist, auch tatsächlich präzise erkannt hat – und bei diesen Themen gibt es ja durchaus mehr als nur eine Meinung dazu, was das Richtige ist.

Der „psychologische Stil" beruht auf der Heilung der Psyche: Je mehr Blockaden aufgelöst werden, desto freier kann die Kundalini fließen.

Neben diesen Ansätzen gibt es noch viele weitere Methoden und auch viele Mischformen wie z.B. „Drogen und Lehrer", „Meditation und Tantra" oder „Psychotherapie und Meditation".

V 5. Jenseits der Heilung

Zunächst einmal gibt es die Phänomene, die bei der Erweckung der Kundalini und bei der Heilung des Lebenskraftkörpers, also bei der Heilung der Chakren und der Psyche auftreten. Damit sind jedoch die Möglichkeiten der Kundalini-Erlebnisse nicht erschöpft – im Grunde entfalten sich diese Möglichkeiten erst nach der Erweckung der Kundalini so richtig. Es gibt bei der Kundalini-Erweckung ja nicht nur um die Heilung an sich, sondern vor allem um das anschließende Leben im heilen Zustand.

Man erreicht durch die Heilung des Lebenskraftkörpers die Möglichkeit, die Lebenskraft in weit größerem Umfang als zuvor zu nutzen. Diese Möglichkeiten sind in Indien als „Siddhis" bekannt; in der christlichen Kultur werden sie meist „Wunder" genannt. Die erwachte Kundalini ermöglicht umfassendere und tiefgreifendere Formen der Magie.

Drei Phänomene treten beim Erwachen der Kundalini häufig spontan auf – sie beziehen sich auf das Atmen, das Schlafen und das Essen, also auf drei Grundfunktionen oder Grundnotwendigkeiten des Körpers. Wenn die Kundalini erwacht, kommt es vor, daß diese drei lebensnotwendigen Tätigkeiten auf einmal nicht mehr notwendig sind.

Die erwachte Kundalini lenkt offenbar die Lebenskraft und hält den Körper unabhängig vom Atmen, Schlafen und Essen am Leben.

Das „nicht mehr schlafen brauchen" ist vor allem aus Tibet bekannt. Es tritt anfangs manchmal als eine Veränderung des Schlafes auf – es gibt längere Phasen in der Nacht, in der man sozusagen „wach träumt" bzw. „wach schläft", d.h. in denen man beim Schlafen oder Träumen bewußt ist. Das ist offensichtlich eine Koordination von Wachbewußtsein und Unterbewußtsein (Traum) bzw. Tiefschlafbewußtsein.

Dasselbe geschieht auch bei der Traumreise (Wachen + Traum) bzw. bei der Stille-Meditation, bei der das Bewußtsein ohne Inhalte ist man sich nur seines eigenen Bewußtseins bewußt ist (Wachen + Tiefschlaf).

Die Kundalini scheint also die Integration der verschiedenen Bewußtseinsarten zu fördern – was ja auch sehr plausibel ist, da sie durch die sieben Chakren aufsteigt, die mit den vier Bewußtseinsarten verbunden sind (Tiefschlaf: Herzchakra; Traumzustand/Unterbewußtsein: Sonnengeflecht und Halschakra; Wachbewußtsein: Hara und Drittes Auge; Ekstase: Wurzelchakra und Scheitelchakra).

Das intensive Glück/Liebe (Ananda), das dabei manchmal auftritt, ist vermutlich die Integration von Wachbewußtsein und Ekstasezustand.

Daß diese drei Koordinations-Effekte auftreten, ist plausibel, denn wenn die Kundalini frei fließt, müssen die Blockaden aufgelöst sein, was wiederum dazu führt, daß die einzelnen Teile der Psyche und somit auch die Chakren miteinander zu kooperieren beginnen. Da die Bewußtseinsformen an die Chakren gekoppelt sind und die Kundalini durch die Chakren fließt, ist die Integration von mehreren Bewußtseinsformen geradezu unvermeidbar.

Die Integration des Wachbewußtseins in das Träumen und in den Tiefschlaf führt daher zu einem „wachen Träumen" und einem „wachen Tiefschlaf" und schließlich vermutlich dazu, daß man garnicht mehr einen gesonderten Schlafzustand hat.

Das „nicht mehr atmen brauchen" ist von einigen indischen Yogis und tibetischen Lamas bekannt – es gibt Fälle, in denen sich Yogis einen Monat lang haben begraben lassen und dann anschließend noch immer gelebt haben. Ich kenne auch eine Frau sehr gut, der ich mal eine einfache Kundalini-Meditation gezeigt habe und die gleich beim ersten Versuch 20 Minuten lang nicht mehr geatmet hat.

Was da geschieht, ist aus physiologischer Sicht ziemlich unklar, da diese Möglichkeiten offensichtlich die üblichen Naturgesetze außer Kraft setzen. Das Phänomen scheint jedoch dem „nicht mehr schlafen brauchen" recht ähnlich zu sein.

Dasselbe gilt auch für das „nicht mehr essen brauchen", das einige Jahre lang als „Lichtnahrung" ziemlich bekannt gewesen ist.

Die Kundalini fließt frei und ungehindert, wenn die Chakren und somit auch die Bewußtseinszustände integriert worden sind – was auch bedeutet, daß die Psyche geheilt worden ist. Anscheinend hat eine heile Psyche Fähigkeiten, die über das „Fehlen von Krankheiten" weit hinausgehen.

Dazu paßt es auch gut, daß Schamanen, Magier und Wunderheiler oft eine erwachte Kundalini haben. Dieser Umstand läßt sich allerdings nur in Indien und Tibet recht sicher feststellen – in anderen Weltgegenden ist man da meistens auf Vermutungen angewiesen, weil dort das Konzept der Kundalini oft nur sehr unscharf formuliert worden ist. Auch die Kampfekstase gehört in diesen Zusammenhang – sie ist eine äußere, kampfmagische Anwendung der aufsteigenden Kundalini.

Der Zusammenhang zwischen erwachter Kundalini und Genialität, der schon des öfteren beobachtet worden ist, gehört ebenfalls zu den Folgen der geheilten Chakren und der frei fließenden Kundalini.

Ein weiteres Phänomen der erwachten Kundalini ist die Möglichkeit, den Körper willentlich so zu erhitzen, daß man kälteunempfindlich wird. Für die tibetischen Mönche, die in der eisigen Kälte in Tibet nur ein dünnes Baumwollgewand tragen, hat diese Anwendungsmöglichkeit der erwachten Kundalini einen ausgesprochen praktischen Nutzen.

VI Möglichkeiten zur Erweckung der Kundalini

Bei manchen Menschen erwacht die Kundalini spontan, was meistens einiges an Durcheinander und eine größere Krise mit sich bringt. Es gibt jedoch auch Möglichkeiten, die Kundalini bewußt und absichtlich zu erwecken. Die Liste dieser Methoden in diesem Kapitel ist sicherlich nicht vollständig, aber sie wird immerhin einen guten Überblick über die verschiedenen möglichen Ansätze geben.

Wie bei so gut wie allen Dingen muß man auch beim Erwecken der Kundalini schauen, welche Mischung der Ansatzweisen zu einer Methode führen, die einem „schmeckt" und die für einen selber am wirksamsten ist.

VI 1. Der Lebenskraft-Druck

Der vermutlich wichtigste und älteste Ansatz besteht darin, Lebenskraft im Wurzelchakra zu sammeln, von dem aus die Kundalini in der Körpermitte aufsteigt. Da die Lebenskraft die Wahrnehmung der Grenze und des Übergangs zwischen Bewußtsein und Materie ist, kann diese Ansammlung von Lebenskraft im Wurzelchakra schlicht durch die Konzentration des Bewußtseins auf das Wurzelchakra erreicht werden. Wenn sich die eigene Aufmerksamkeit auf das Wurzelchakra richtet, konzentriert sich das Bewußtsein auf diesen „Ort", was wiederum bedeutet, daß dieser Teil des Lebenskraftkörpers in den Fokus rückt und betont wird.

Diese Konzentration kann zwar vollkommen formlos sein, indem man einfach innerlich die ganze Zeit auf sein eigenes Wurzelchakra blickt und es wahrnimmt, aber in der Regel wird diese Konzentration durch äußere und innere Hilfsmittel unterstützt. Diese Hilfsmittel sind das Mantra, die Atemlenkung, die Imagination und die Körperhaltung.

VI 1. a) Mantra

Ein Mantra ist ein Wort oder ein kurzer Satz, der das Ziel umschreibt, das mit diesem Mantra erreicht werden soll. Dieses Mantra spricht oder singt man innerlich oder äußerlich vor sich hin. Dies kann im Rahmen einer Meditation geschehen aber es kann auch eine Begleitung von Alltagstätigkeiten sein.

Das gemeinsame Singen eines Mantras oder eines kurzen Liedes, das ständig wiederholt wird, kann ausgesprochen kraftvoll sein, da sich dabei die Konzentration der Teilnehmer, wenn sie ausreichend hoch ist, gegenseitig stützt.

Das Mantra ist sozusagen eine „akustische Konzentrationshilfe". Durch die endlose Wiederholung des Mantras entsteht zudem ein innerlicher Rhythmus, eine Schwingung, die auf die Psyche koordinierend wirkt und dadurch die Konzentration erhöht.

Die Konzentration hat auch noch eine weitere Wirkung: Man beginnt zwar im Wachzustand, aber durch die Konzentration und die Schwingung ordnen sich die Inhalte der Psyche und die Vorgänge in ihr, sodaß sich das Wachbewußtsein auf den Traumzustand, den Tiefschlaf oder den Ekstasezustand ausweiten kann:

- Die Ausweitung auf den Traumzustand scheint vor allem dann aufzutreten, wenn man alleine ein Mantra singt und ganz auf das betreffende Thema, z.B. eine Gottheit, ausgerichtet ist. Dann entsteht aus dem Mantra-Singen heraus eine Traumreise, in der man innere Bilder z.B. von einer Gottheit wahrnimmt.

- Die Ausweitung auf den Tiefschlafzustand scheint durch Hingabe an das Thema, also z.B. Shiva, ausgelöst zu werden. Dabei entsteht eine innere Stille, ein Erfülltsein, ein Lächeln und Strahlen – und meistens verklingt das Mantra dabei ganz unbemerkt und man ist einfach nur noch präsent.

Dieser Zustand kann stabil werden und sich selber tragen, sodaß man einen Entschluß braucht, um ihn wieder zu verlassen (was jedoch nicht schwer ist).

- Die Ausweitung auf den Ekstasezustand scheint eine sehr hohe Konzentration und eine innere Sehnsucht, also starke Gefühle, als Grundlage zu haben. In diesem Zustand ist man vollkommen z.B. auf die Gottheit ausgerichtet – sozusagen aus freiem Entschluß heraus auf sie fixiert. Dadurch erreicht man eine immer höhere innere Intensität und erlebt z.B. die Gottheit immer intensiver. Der Ekstasezustand scheint leichter in Gruppen als alleine erreichbar zu sein.

Auch dies kann schließlich ein stabiler Zustand werden, von dem man getragen wird und in dem man ruhen kann. Man braucht auch hier einen Entschluß, um diesen Zustand wieder zu verlassen.

Das Mantra ist also eine allgemeine Konzentrationshilfe. Wenn man die Konzentration mithilfe eines Mantras auf das Wurzelchakra ausrichtet, sammelt man dort Bewußtsein, stellt man das Wurzelchakra in den Fokus des Bewußtseins, wodurch es betont wird und aktiver wird. Dadurch kann das Wurzelchakra schließlich so stark angeregt werden, daß sich die Kundalini zu regen und aufzusteigen beginnt.

Ein Mantra hat unter anderem den Vorteil, daß es den Verstand beschäftigt und sein „inneres Selbstgespräch" deutlich reduzieren kann – was wiederum die Konzentration beträchtlich erhöht.

Für eine Kundalini-Meditation eigenen sich Mantren, die sich auf die Kundalini beziehen wie „Feuer", „fire" (englisch: Feuer), „teja" (Sanskrit: Feuer), „Agni" (indischer Gott des Feuers), „Shiva" (indischer Gott der Kundalini), „Kundalini" usw. Vermutlich ist es am sinnvollsten, das einfachste Wort zu benutzen, also das Wort für „Feuer" in der eigenen Muttersprache.

VI 1. b) Atemlenkung

Die Atemlenkung als Meditations-Hilfsmittel ist vor allem aus Indien unter der Bezeichnung „Pranayama" bekannt. Diese Technik hat viele Aspekte: Die Dauer der Atemzüge, die verschiedene Dauer von Ein- und Ausatmung, die Art des Ein- und Ausatmens (sanft, stoßen, saugen usw.), das Atmen durch die Nase oder den Mund, das Verschließen eines Nasenloches beim Atmen usw.

Hinzu kommen noch Vorstellungen darüber, wie man den Atem durch den Körper lenkt – imaginativ kann man ihn z.B. auch in den Unterleib oder in die Hand lenken. Dabei ist es natürlich nur die Lebenskraft und nicht die konkrete Luft, die man lenkt.

Weiterhin gibt es das lange Atem-Anhalten oder die Hyperventilation („Rebirthing-Atem"), bei der man sehr schnell und tief atmet.

Es gibt jedoch auch einfache Formen der Atemlenkung, die ebenfalls sehr wirksam sind. Wenn man ein Mantra benutzt, kann man eine einfache Atem/Mantra-Meditation durchführen:

- Einatmen und sich vorstellen, wie man mit dem Einatmen Lebenskraft aufnimmt und sie in das Wurzelchakra lenkt.

- Ausatmen und sich vorstellen, wie sich die Lebenskraft im Wurzelchakra sammelt und verdichtet und dadurch zu glühen und zu strahlen beginnt.

Es gibt viele speziellere Atemlenkungs-Methoden, aber dies ist die grundlegende und einfachste Methode für die Erweckung der Kundalini.

Bei allen Methoden, die man verwendet, um die Konzentration auf das Wurzelchakra zu erhöhen, ist es wichtig, daß man sich nicht so sehr auf die Methode konzentriert, also z.B. auf den Atem und das Mantra, sondern daß man sich vor allem auf das Wurzelchakra konzentriert. Ein schweigendes Dasitzen, bei dem man mit seinem Bewußtsein fest auf das eigene Wurzelchakra ausgerichtet ist, reicht vollkommen aus – alles andere sind Hilfsmittel, die diese Konzentration auf das Wurzelchakra erleichtern sollen.

VI 1. c) Imagination

Im vorigen Abschnitt ist schon die Vorstellung, den Atem im Körper zu lenken, beschrieben worden. Derartige Imaginationen, also selbstgeschaffene innere Bilder, werden in der Meditation sehr oft verwendet. Sie reichen von der Imagination eines Lichtpunktes in der Mitte eines Chakras über die Vorstellung, die Gestalt einer Gottheit anzunehmen („Invokation") bis hin zu der Wanderung in einem großen, komplexen Mandala, das wie eine Stadt mit einem Tempel in ihrer Mitte aufgebaut ist.

Die wichtigste Imagination im Zusammenhang mit der Erweckung der Kundalini ist die Vorstellung, daß im Wurzelchakra ein Feuer brennt. Da man die Lebenskraft in der Regel als Hitze und manchmal auch als Leuchten wahrnimmt, ist Feuer ein passendes Bild für diese Meditation. Man spricht deshalb auch von „Kundalini-Feuer", von der „aufsteigenden Hitze" und in manchen Gegenden in Westafrika bezeichnet man die Lebenskraft als „Kalifi", also als „Lebensfeuer".

In der Kundalini-Meditation werden verschiedene Symbole für die Konzentration auf das Wurzelchakra verwendet, die sich jedoch alle sehr ähnlich sind:

- Sehr oft wird das tibetische Symbol für das Feuer benutzt: ein schmales, rotes Dreieck, das mit seiner Spitze nach oben weist.

- Es gibt auch die Möglichkeit, das indische Feuer-Symbol („Teja-Tattwa") zu verwenden, das ein gleichseitiges, rotes Dreieck ist, das mit seiner Spitze nach oben zeigt.

- Das alchemistische Symbol für das Feuer ist ebenfalls ein gleichseitiges, nach oben weisendes Dreieck, das jedoch keine Farbe hat.

- Man kann auch einen roten Tetraeder als Feuer-Symbol verwenden, also den platonischen Körper, dessen Oberfläche aus vier gleichseitigen Dreiecken besteht.

- Schließlich kann man auch ganz naturalistisch eine Flamme im Wurzelchakra imaginieren.

Wie allgemein sinnvoll, sollte man schauen, welches Symbol einem am meisten zusagt, und dann dieses Symbol verwenden.

Nun sind in der Meditation bereits drei Elemente miteinander verknüpft: das Mantra, die Atemlenkung und die Imagination.

VI 1. d) Asana

Eines der bekanntesten Elemente der Meditation ist die Körperhaltung – die „Asanas" aus dem Hatha-Yoga.

Die älteste bekannte Haltung beim Kundalini-Yoga ist der „Drache" – dieser Name bezieht sich vermutlich auf die Kundalini, die oft als Schlange dargestellt wird (ein Drache ist eine große Schlange). Diese Haltung auch „Vir-Asana" genannt, was man mit „Helden-Haltung" oder auch ganz wörtlich und etwas weniger pathetisch mit „Mann-Haltung" oder „Mensch-Haltung" übersetzen kann.

Diese Körperhaltung ist recht einfach: Man sitzt mit untergeschlagenen Beinen auf der Erde, den Hintern auf den Fersen, die Beine vor einem, die Knie ganz vorne; man sitzt aufrecht und legt entweder die Hände in den Schoß oder hebt sie in der klassischen Weise neben dem Kopf empor (Oberarme zur Seite und leicht abwärts, Unterarme senkrecht nach oben, Hände aufrecht, Handinnenflächen zum Kopf gerichtet).

In dieser Haltung ist das Wurzelchakra dadurch betont, daß sich die Fußsohlen in der Nähe des Wurzelchakras befinden – bei der einfachen Version dieser Haltung liegen auch die Hände im Schoß in der Nähe des Wurzelchakras.

VI 1. e) Bewegung

Es gibt auch einige Meditationen, die eine Bewegung beinhalten. Dies kann ein einfaches, beschauliches Gehen sein, oder das Asana des „aufblühenden Lotus", bei dem man im Sitzen mit Armen und Händen das Öffnen einer Blüte darstellt, oder der „Sonnengruß", der aus einer Folge von mehreren Yoga-Haltungen besteht usw.

Es scheint aber keine spezielle Bewegungsfolge für das Erwecken der Kundalini zu geben. Während man das Asana des „aufblühenden Lotus" durchführt, kann man zwar auch das Aufsteigen der Kundalini imaginieren, aber mir ist nicht bekannt, daß das eine besonders förderliche Wirkung hätte.

VI 1. f) Motivation

Eine der wichtigsten Meditations-Grundlagen ist die eigene Motivation für diese Meditation, d.h. für das Ziel, das mit dieser Meditation erreicht werden soll. Eine einsgerichtete Motivation erzeugt eine vollkommene Konzentration und eine solche Konzentration reicht vollkommen dafür aus, um die Kundalini im Wurzelchakra zu erwecken. Leider ist man nur selten in einer solchen einsgerichteten Motivation, sodaß man doch allerlei Hilfsmittel benötigt …

Es ist also sinnvoll, sich klar zu machen, warum man eigentlich die Kundalini-Meditation durchführen will. Eine hohe Motivation hat man z.B. wenn man sehr krank ist und sich durch die Erweckung der Kundalini heilen will. Auch das Streben nach Macht durch die erwachte Kundalini kann eine solche Motivation sein – wobei die erwachte Kundalini in der Regel dann durch ihr Aufsteigen das ursprüngliche Bedürfnis nach Macht aufgelöst haben wird. Man kann auch einfach ein sehr neugieriger Mensch sein, der mal wieder etwas Neues erleben will. Hier gibt es viele Möglichkeiten.

Manchmal trifft man auch zufällig eine passende Meditationsform, ohne überhaupt zu merken, daß man ja eigentlich meditiert. So habe ich z.B. während meines Zivildienstes, zu dem ich gut eine Stunde mit dem Fahrrad gefahren bin, bei dieser Fahrt im Winter ziemlich gefroren – vor allem an den Händen. Da ich damals gerade Magie gelernt habe, habe ich mir gedacht, daß ich doch einfach das Feuer-Element in meine Hände lenken könnte.

Dafür habe ich mir vorgestellt, das Feuer-Element aus dem Erdkern oder aus den Motoren der vorbeifahrenden Autos zu ziehen und mit meinen Atem in meine Händen zu lenken und dort aufglühen zu lassen. Dabei habe ich beim Ein- und Ausatmen innerlich „Feuer" gesprochen. Zusätzlich habe ich den Rhythmus meiner Beinbewegungen auf dem Fahrrad in Einklang mit meinem Atem gebracht. Da ich mit dieser „Fahrrad-Meditation" meine Hände warmhalten konnte, habe ich diese Meditation mit großer Konzentration (und mit großer Freude über ihre Wirksamkeit) weiterhin durchgeführt.

Somit hatte ich ein Mantra, eine Atemlenkung, eine Imagination, eine Bewegung und eine sehr hohe und beständige Motivation, da es in diesem Winter sehr kalt gewesen ist. Daher bin ich durch die Meditation sehr bald in den Ekstase-Zustand gelangt, der sich wie ein Aufwachen aus dem normalen Wachzustand anfühlt – er ist Wärme und Lächeln und Glück und Liebe und Erfülltsein …

Die Bedeutung der einsgerichteten Motivation und auch die Probleme mit dieser Form der Motivation ist den Yogis, Lamas und Schamanen durchaus bekannt gewesen. Daher haben sich z.B. die tibetischen Mönche eine kleine List überlegt. Wenn ein Tibeter zum Lama (Mönch) werden will, muß er die Kundalini-Meditation üben, die in Tibet „Tummo" genannt wird.

Wenn er sich genügend vorbereitet hat, muß er eine Prüfung ablegen, die darin besteht, daß er in einer Nacht in der dortigen eisigen Kälte sein Mönchsgewand fünfmal in Wasser tauchen, anziehen und durch die Hitze seiner Kundalini-Meditation trocknen muß. Durch die große Kälte ist bei dieser Meditation die einsgerichtete Motivation kein Problem mehr …

An diesen beiden Beispielen zeigt sich eine wesentliche Qualität der einsgerichteten Motivation: das Wissen um ihre Wirksamkeit. Wenn man erlebt hat, daß eine Methode funktioniert, wendet man sie bei Bedarf an, um ihre Wirkung zu erreichen. Eine einsgerichtete Motivation und daher auch die einsgerichtete Konzentration entsteht auf natürliche Weise, wenn dem Betreffenden klar ist, daß sein Handeln Erfolg haben wird.

Im Allgemeinen muß man sich auch nicht angestrengt konzentrieren, wenn man z.B. Hunger hat und essen will – man weiß, daß bei Hunger Essen hilft. Dasselbe gilt für Durst und Trinken, Müdigkeit und Schlafen, Verlangen und Sex und vieles andere.

Diese natürliche Motivation und Konzentration wird auch in der Meditation benötigt. Diese Grundlage kann natürlich erst dann entstehen, wenn man das Erlebnis gehabt hat, daß Meditation eine Wirkung hat.

VI 2. Die Entwicklung der Psyche

Die Kundalini ist ein Teil des Lebenskraft-Kreislaufs im Lebenskraftkörper des Menschen. Die Lebenskraft ist die Grenze und der Übergang zwischen Bewußtsein und Materie – folglich ist die Kundalini eine Bewegung sowohl im Bewußtsein als auch im Körper. Da Ängste, Süchte, verdrängte Schmerzen, Depressionen, Traumas u.ä. Inhalte des Bewußtseins und auch des Körpers sind, ist die Kundalini eng mit diesen Strukturen im Bewußtsein und im Körper des Menschen verbunden.

Solche starren Strukturen wie Ängste, Süchte, verdrängte Schmerzen, Depressionen, Traumas u.ä. stehen dem Fließen der Kundalini offensichtlich entgegen. Das Auflösen von solchen Blockaden ermöglicht daher ein freieres Fließen der Lebenskraft und folglich auch das Erwachen der Kundalini.

Aus diesem Grund ist auch das Heilen der Psyche und des Körpers eine Möglichkeit, die Kundalini ins Fließen zu bringen. Das bedeutet jedoch nicht unbedingt, daß eine solche Heilung auch zu einer bewußten Wahrnehmung der Kundalini führen muß. Es bedeutet jedoch, daß das Erwachen der Kundalini notwendigerweise zu einer Wahrnehmung der eigenen Blockaden führt – egal, ob man mit dem Erwecken der Kundalini beginnt und dadurch mit den eigenen Blockaden konfrontiert wird, oder ob man z.B. eine Psychotherapie beginnt und dabei diese Blockaden findet und erlebt.

Man kann also davon ausgehen, daß das Erwecken der Kundalini dazu führt, daß man allen seinen Blockaden begegnen wird, also dem, was C.G. Jung den „Schatten" genannt hat. Wenn man nicht bereits vollkommen geheilt sein sollte, wird die Kundalini denjenigen, der sie zu erwecken versucht, zunächst einmal in das Reich der Schatten führen …

In diesem Zusammenhang ist es natürlich von großer Bedeutung, wie man zu dem eigenen Schatten eingestellt ist. Hält man ihn für etwas, was man möglichst schnell rausschmeißen sollte? Ist er etwas, was ignoriert werden muß? Ist er etwas was geheilt und integriert werden sollte? Ist er gar Teufelswerk?

Im Zusammenhang mit der Erweckung der Kundalini ist es hilfreich, wenn man den eigenen Schatten als die Summe der unverdauten Erlebnisse und Prägungen aus der eigenen Vergangenheit ansehen kann – dann kann man dem eigenen Schatten begegnen und ihn verwandeln.

Solange man den Schatten als eine Krankheit oder gar als einen Feind erlebt, ist die Begegnung mit ihm schwierig. Wenn man jedoch z.B. eine Angst als einen Versuch zu überleben auffaßt oder einen Schmerz als eine Warnung vor Gefahr, wird die (Wieder-)Begegnung mit diesen Gefühlen einfacher und man kann sie heilen, verwandeln und die in ihnen gefangene Lebenskraft in eine neue Richtung lenken.

VI 3. Die integrierende Methode

Diese im Grunde recht schlichte Methode habe ich teilweise selber entwickelt und in ihren Grundzügen auf Traumreisen von meiner Kundalini erklärt bekommen.

Diese Methode besteht darin, daß man mit einfachen Kundalini-Meditationen beginnt, um die Kundalini anzuregen. Damit macht man so lange weiter, wie man dabei entweder die Kundalini und die Chakren erlebt oder wie einem immer wieder einmal eigene Blockaden in der Meditation oder in Träumen bewußt werden. Dann schaut man nach diesen Blockaden und heilt sie.

Wenn dann in der Meditation nichts mehr passiert, steigert man die Meditation, indem man neue Elemente dazu nimmt, sie verlängert, sie häufiger durchführt usw. Dann kümmert man sich wieder um die neu auftretenden Phänomene. Dieser sanfte Ansatz, bei dem man nur nur soviel ins Bewußtsein holt, wie man auch gut „verdauen" kann, führt dazu, daß es keine großen Krisen gibt. Natürlich kann die Begegnung mit einem Trauma, von dem man nichts gewußt hat, noch immer heftig sein, aber dieses Vorgehen ist mit einiger Wahrscheinlichkeit die friedlichste Methode der Kundalini-Erweckung, die möglich ist.

Für den Umgang mit den Dingen, die man erlebt, wenn man durch seine Meditationen „das Feuer unter dem eigenen Hintern" stufenweise heißer stellt, hat mir meine Kundalini die folgende Methode empfohlen, die sich sehr bewährt hat und die bisher auch in jeder Situation funktioniert hat:

1. „schauen": Man betrachtet das, was einem da im eigenen Inneren an Gefühlen, Erinnerungen, Bildern u.ä. begegnet ist. Welches Gefühl ist das genau? Aus welcher Zeit im eigenen Leben stammt dieses Bild? Welche Rolle hatte man in dem Ereignis damals? Hat dieses Erlebnis Folgen für das eigene Verhalten gehabt? Hat sich das Ereignis in ähnlicher Weise wiederholt? Welcher Konstellation entspricht das im eigenen Horoskop? Wo tauchen diese Gefühle in den eigenen Träumen auf? usw.

Dadurch ergibt sich nach und nach ein immer klareres Bild von den Dingen, denen man da im eigenen Inneren begegnet ist.

Bei diesem Vorgang steht man den Gefühlen, Bildern usw. in sich selber mit einer gewissen sachlichen Distanziertheit gegenüber.

2. „fühlen": Im zweiten Schritt läßt man sich sozusagen auf diese Gefühle, Bilder usw. ein – man nimmt Kontakt mit ihnen auf. Dabei ist es wichtig, daß man dabei „den Kopf über Wasser behält": Wenn die Gefühle oder Bilder zu intensiv werden, zieht man sich zurück. Durch diese allmähliche, schrittweise Annäherung an diese Bilder und Gefühle verlieren sie nach und nach etwas von ihrem Schrecken und man kann immer mehr von ihnen ertragen und aushalten.

Durch den ersten Schritt des „Schauens" bekommt man eine Vorstellung von dem, was da in einem aufgetaucht ist; durch den zweiten Schritt des „Fühlens" wird man nach und nach vertraut mit dem, was einem da begegnet ist. Dabei entspannt sich nach und nach auch der Streß, der in diesen Bildern und Gefühlen liegt.

Bei dem ersten Schritt, aber spätestens bei dem zweiten Schritt wird einem auch deutlich, aus welcher Zeit des eigenen Lebens diese Gefühle und Bilder stammen. Man ist damals natürlich jünger als heute gewesen – und dieses jüngere Ich erscheint dann oft als innere Gestalt. Wenn dieses jüngere Ich nicht von selber erscheint, kann man es auch gezielt suchen oder herbeirufen.

Dieses jüngere Ich ist nicht mit den Gefühlen und Bildern identisch, die die Kundalini wachgerufen hat – das jüngere Ich ist die Erinnerung an sich selber zu der Zeit, in der man diese Bilder und Gefühle erlebt hat und in der man sich offenbar hilflos gefühlt hat und zumindestens die damaligen Erlebnisse nicht auf eine effektive und wirksame Weise verarbeiten konnte.

3. „umarmen": Dieser Schritt ist recht einfach – man umarmt sein jüngeres Ich. Das klingt recht schlicht und unspektakulär, aber es hat eine große Wirkung: Das hilflose jüngere Ich wird in das heutige Ich integriert und findet dadurch Halt.

Durch das „schauen" erkennt man, womit man es zu tun hat; durch das

„fühlen" nimmt man Kontakt zu ihm auf; durch das „umarmen" integriert man es. Auf diese Weise wird eine Blockade aufgelöst.

Man kann natürlich nicht die gesamte Selbstheilung auf diese drei Schritte reduzieren, aber sie sind ein ausgesprochen hilfreiches und wirksames Werkzeug, das zudem den großen Vorteil hat, alle Vorgänge sanft zu gestalten und die Dramen bei der Selbstheilung auf ein sehr geringes Maß zu reduzieren.

VI 4. Entspannung

Es mag seltsam klingen, daß man sich, wenn man etwas erreichen will, nicht anstrengen, sondern entspannen soll. Ein solches Verhalten gibt nur dann Sinn, wenn es einen heilen, richtigen Zustand gibt, von dem man durch Verkrampfungen, Vermeidungshaltungen, Anstrengungen u.ä. abgewichen ist. In diesem Fall führt Entspannung zu dem heilen Zustand zurück.

Die Blockaden an den Zwischenchakren sind solche verkrampften, starren Anstrengungen, die zu einem kranken Zustand in der Psyche und im Körper führen können.

Die Entspannung hat zwei verschiedene Effekte, die jedoch miteinander zusammenhängen.

- Zum einen führt Entspannung dazu, daß man die eigene Aufmerksamkeit von außen fort und nach innen hin richtet – man kommt dadurch näher an den Bereich der Lebenskraft. Dies ist ganz am Anfang dieses Buches schon kurz bei dem Vergleich von Kundalini, Astralreise und Hypnose dargestellt worden.

Durch diesen Blick nach innen nimmt man evtl. auch die eine oder andere Blockade wahr.

- Zum anderen führt Entspannung dazu, daß sich auch die eigenen Blockaden ein wenig lockern und sichtbarer und fühlbarer werden.

Es gibt noch einen dritten Entspannungs-Effekt, der im Zusammenhang mit der Erweckung der Kundalini hilfreich sein kann:

- Wenn man sich entspannt und dann die Schwere und Wärme des Körpers fühlt, d.h. eigentlich den eigenen Lebenskraftkörper zu spüren beginnt, kommt es auch vor, daß man eins der eigenen Chakren wahrnehmen kann oder auch ein Fließen zwischen ihnen oder auch die Kundalini selber.

Dies können die ersten Blicke auf die Kundalini sein, die dadurch deutlich greifbarer wird, was wiederum die eigene Kundalini-Meditationen erleichtern kann – etwas, was man schon einmal gesehen hat, hört auf, ein abstraktes Konzept zu sein, und wird zu einem konkreten Gegenüber.

Auf welche Weise man diese Entspannung durchführt, bleibt ganz der eigenen Vorliebe überlassen. Im allgemeinen wird es förderlich sein, sich hinzulegen. Man kann die einzelnen Glieder und Organe der Reihe nach entspannen; man kann sich allgemein entspannen; man kann sich vorstellen, in einem warmen Meer dahinzutreiben; man kann sich vorstellen, im Mutterleib zu sein; man kann dabei Buchstabenübungen durchführen; man kann dabei Musik hören … es gibt wie fast immer viele Möglichkeiten …

Die Entspannung ist auch eine gute Grundlage für die einsgerichtete und daher entspannte Konzentration auf das Wurzelchakra.

VI 5. Körperhaltung

Zu der physischen Haltung bei der Meditation ist schon kurz etwas gesagt worden. Am bekanntesten sind in diesem Zusammenhang die indischen Asanas, aber es gibt auch andere Systeme, die ausgesprochen wirksam sind wie z.B. die Runen-Haltungen. Wenn man sich in eine solche Haltung stellt und eine Stunde lang die zu der betreffenden Rune gehörenden Mantren singt, kann eine Menge passieren. Ich selber habe bei einem solchem Runen-Singen das bisher intensivste Aufsteigen meiner Kundalini erlebt.
Die Yoga-Asanas und die Runen-Haltungen sind nicht die einzigen wirksamen Haltungen – letztlich führt jede Körperhaltung dazu, daß ein bestimmtes Chakra besonders betont ist und daher leichter bewußt werden kann. Man kann also auch einfach mal die verschiedensten Körperhaltungen ausprobieren und dabei einfach ein „a" singen.
Ich selber erlebe z.B. mein Sonnengeflecht am häufigsten, wenn ich an meinem PC sitze und konzentriert schreibe. Anscheinend ist die Kombination von aufrechtem Sitzen, Konzentration und hoher Motivation eine gute Grundlage dafür, das eigene Sonnengeflecht zu erwecken.

In einem früheren Kapitel ist die Anordnung der Körperteile auf der Großhirnrinde („Cortex") beschrieben worden. Diese Anordnung ist in vier aufeinander folgende Abschnitte aufgeteilt:

1. Genitalien
2. Zehen – Füße – Beine – Leib (außen) – Hals – Kopf
3. Schultern – Arme – Hände – Finger
4. Augen – Nase – Lippen – Zähne – Zunge – Rachen – Eingeweide

Wenn diese Anordnung irgendeinen Zusammenhang mit der Kundalini haben sollte, wäre es naheliegend, bei der Kundalini-Meditation eine Haltung einzunehmen, in der die Lücken in dieser Anordnung überbrückt werden. Daraus ergibt sich die folgende Haltung:

Die Kundalini wird im Wurzelchakra erweckt, das sich bei den Genitalien (Abschnitt 1) befindet – das paßt schon einmal gut.

Den Sprung von den Genitalien zu den Füßen kann man dadurch überbrücken, daß man sich wie beim Vir-Asana („Drache") auf seine Fersen setzt – dann befindet sich das Wurzelchakra in Kontakt mit den Füßen.

Dann steigt die Kundalini bis zum Scheitelchakra empor – was der Folge im zweiten Teil der Anordnung der Körperzonen auf der Cortex des Großhirns entspricht (Abschnitt 2).
In diesem Zusammenhang kann man sich die Frage stellen, was mit den Beinen ist – aber es gibt auch die Möglichkeit, die Kundalini in den Fuß-Nebenchakren zu erwecken – das wird später in diesem Buch noch näher beschrieben.

In der Körperzonen-Anordnung in der Cortex folgen auf den Kopf die Arme von den Schultern bis zu den Fingern (Abschnitt 3). Sie haben in der Kundalini-Meditation zunächst keine direkte Entsprechung.
Da sich der „Springbrunnen-Strahl" der Kundalini jedoch über dem Kopf zu einer „Fontäne" entfaltet und dann außen rings um den Körper wieder nach unten fließt, würden die Arme von den Schultern bis zu den Händen dieser Abwärtsbewegung entsprechen.

Wie kann man die Lücke zwischen den Händen am Ende von Abschnitt 3 zu den Augen am Anfang von Abschnitt 4 überbrücken? Am einfachsten, indem man die Hände auf Augen legt. Bei den ältesten indischen und germanischen Darstellungen des Vir-Asanas strecken die Meditierenden ihre Oberarme seitlich nach unten und ihre Unterarme senkrecht empor, sodaß sich die Hände seitlich vom Kopf und in der Nähe des Gesichtes befinden.

Nun folgt auf der Cortex die Reihe von den Augen über den Mund und dann innen weiter bis zu den Eingeweiden (Abschnitt 4). Das entspricht offensichtlich ebenfalls dem Abwärtsfließen der Lebenskraft außen rings um den Körper.

Der Abschnitt 4 endet mit den Eingeweiden, auf die dann Abschnitt 1 mit den Genitalien folgt – hier ist also der Kontakt bereits vorhanden.

Im Cortex bilden diese vier Anschnitte einen Kreis – was der Konvektionsströmung der Kundalini, also ihrem Springbrunnen-artigen Kreislauf entspricht.

Die Körperhaltung des Vir-Asanas („Drache"), die klassischerweise für die Erweckung der Kundalini verwendet worden ist, ist offensichtlich eine recht genaue Entsprechung zu der Anordnung der Körperzonen auf der Cortex des Großhirns. Das sieht nicht nach Zufall aus.

Inwieweit bei der Erweckung der Kundalini z.B auch ein Stromfluß in der Cortex auftritt, ist meines Wissens bisher nicht erforscht worden – aber es wäre nicht verwunderlich, wenn es so wäre.

Allerdings könnte man die Kundalini nicht auf diesen Stromfluß reduzieren, da dieser Stromfluß z.B. nicht erklären würde, warum die tibetischen Lamas mit ihrer Kundalini-Meditation ihre in Wasser getauchten Gewänder in eisiger Nacht trocknen können.

Dieser vermutete Stromfluß wäre eine physische Entsprechung zu der Kundalini, die ja ein Vorgang an der Grenze zwischen Bewußtsein und Materie/Körper ist und daher Entsprechungen sowohl im Bewußtsein als auch im Körper hat.

Diese Betrachtungen über diese Körperhaltung zeigen vor allem, daß es wahrscheinlich förderlich ist, beim Erwecken der Kundalini auch den „Drachen" als Meditations-Haltung zu benutzten – entweder nur diese Haltung oder zusammen mit anderen.

VI 6. Traumreisen

Eine Traumreise ist nichts Exotisches, sondern etwas ganz Alltägliches: Wenn man morgens aus einem Traum heraus erwacht und der Traum noch ein paar Sekunden in seiner Eigendynamik mit einem selber als bewußtem Zuschauer weiterläuft, ist das eine Traumreise – wenn auch eine recht kurze. Mann kann jedoch nicht nur aus einem Traum heraus zu der Koordination von Wachbewußtsein und Traumbewußtsein (Unter-bewußtsein) gelangen, sondern auch von dem Wachbewußtsein aus: Wenn man in der Bahn sitzt und sich langweilt und in einen Tagtraum abdriftet und noch einmal den letzten Urlaub am Meer erlebt und die Sonne auf der Haut und den Sand unter den Füßen spürt, ist auch das eine Traumreise.

In diesen Zustand, in dem man sich bewußt die inneren Bilder ansehen kann, kann man mit etwas Übung auch absichtlich gelangen.

Ein großer Vorteil dieser Traumreisen ist es, daß man mit ihrer Hilfe das eigene Innere erforschen kann – unter anderem auch die eigenen Chakren und die eigene Kundalini.

Ein zweiter Vorteil der Traumreisen ist es, daß sie einen einfachen Zugriff auf die Telepathie gewähren, die sozusagen die Sinneswahrnehmung des Unterbewußtseins ist. Daher kann man mithilfe von Traumreisen auch Dinge wahrnehmen, die mit den normalen Sinnen nicht erfaßbar sind.

Im Zusammenhang mit der Erweckung der Kundalini kann man solche Traumreisen dazu benutzen, um die eigenen Ängste, Süchte, Schmerzen usw., die durch die Kundalini-Meditation bewußt werden, genauer kennenzulernen. Das können innere Bilder sein, innere Gespräche mit Körperteilen, intuitives Wissen über manche Dinge – da gibt es viele verschiedene Formen.

VI 7. Gespräche mit der Kundalini

Wenn man ein wenig Übung mit Traumreisen hat, kann man sich auch mit der eigenen Kundalini unterhalten. Man kann das einfach mal ausprobieren: Innerlich die eigene Kundalini ansprechen und ihr sagen, daß man sie kennenlernen will, und dann schauen, was man sieht, hört, fühlt usw.

Nützlich kann man am Anfang nicht wissen, ob das, was man da wahrnimmt, nicht alles bloß „Phantasie" ist – aber wenn man es nicht ausprobiert, kann man das nie herausfinden. Letztlich gibt es bei der Einordnung und Bewertung dieser „inneren Gespräche" nur ein einziges Kriterium: Wenn sie helfen dahin zu kommen, wo man hin will, sind diese Gespräche sinnvoll – wenn sie einem nicht dabei helfen, sind sie nicht sinnvoll …

Für mich selber sind diese Gespräche mit meiner Kundalini eines der wichtigsten Hilfsmittel bei der Erweckung meiner Kundalini und bei meiner Selbstheilung geworden.

Im Grunde liegt das ja auf der Hand: Sich mit dem Teil von sich zu unterhalten, den man in sich heilen und erwecken will, erscheint geradezu selbstverständlich und unverzichtbar zu sein.

VI 8. Klassischer Gesang

Die Kundalini-Erweckung und den Klassischen Gesang würde man in der Regel wohl kaum miteinander assoziieren. Trotzdem kann man den Klassischen Gesang für die Erweckung der Kundalini nutzen.

Die Grundlagen des Klassischen Gesangs lassen sich natürlich nicht in einem kurzen Kapitel darstellen – zumal es da auch noch recht verschiedene Gesangs-Schulen gibt. Von ihnen hat die „Lichtenberger Methode" des Klassischen Gesangs die größte Ähnlichkeit mit der „Integrativen Methode" der Kundalini-Meditation, die bereits dargestellt worden ist.

Die Gesangsübung, die für die Erweckung der Kundalini förderlich ist, ist recht einfach:

- Man stellt sich aufrecht hin, die Füße fest auf dem Boden, die Knie leicht angewinkelt (Grundhaltung der östlichen Kampftechniken).

- Man singt einen Vokal, z.B. ein „a" auf einer Tonhöhe, die einem angenehm ist. Vermutlich ist es sinnvoll, das eine Weile durchzuführen und dabei mit dem Atem, der Länge des Tones, der Tonhöhe usw. zu spielen, bis man eine angenehme Art des Singens gefunden hat.

- Dann nimmt man eine Imagination hinzu: Man stellt sich vor, daß der eigene Unterleib bis kurz unter den Nabel mit brennendem Öl gefüllt ist. Die Flammen lodern beim Singen bis in den Hals empor und aus dem Mund heraus oder weiter hinauf bis zum Scheitel. Diese Imagination ist sehr kraftvoll.

Wenn man diese Methode ausgiebiger benutzt, kann man nach und nach auch das natürliche Vibrato der eigene Stimme (ca. 6Hz) und die Vielfalt der Obertöne entdecken – aber das läßt sich nicht gut in Kürze beschreiben.

Ein Ansatz der Lichtenberger Methode ist jedoch so wertvoll, daß er hier beschrieben werden soll. Er ist so schlicht, daß zunächst einmal garnicht ersichtlich ist, daß er eine Wirkung haben soll – wie das ja des öfteren bei grundlegenden Methoden der Fall ist …

Man stellt sich hin und singt einen Vokal, z.B. ein „a", auf einer gleichbleibenden Tonhöhe. Dabei achtet man drauf, ob der Ton eher leise war, ob er fast gehaucht („tonlos") war, ob er sehr kurz war, ob man dabei Angst gefühlt hat, ob die Stimme abgebrochen ist, ob die Stimme rauh geworden ist usw.

Dann sagt man der Atemlosigkeit, der Angst, der gehauchten Stimme oder was einem auch immer aufgefallen sein mag, daß man ihr jetzt seine eigene

Stimme leiht. Man bietet also z.B. der Angst an, daß sie jetzt durch die eigene Stimme singen kann. Dadurch kann sich die Angst zeigen und ausdrücken – das entspricht dem „schauen" der bereits dargestellten Methode „schauen, fühlen, umarmen".

Man singt also noch einmal, d.h. die Angst, der man die eigene Stimme zur Verfügung gestellt hat, singt durch einen hindurch.

Nun achtet man wieder auf die eigene Stimme und ist aufmerksam darauf, wie sie klingt. Dann stellt man dem, was einem dabei auffällt, wieder die eigene Stimme zur Verfügung.

Diese Methode ist sozusagen ein sich-Kennenlernen mithilfe des eigenen Gesanges – diese Methode ist daher in etwa mit den Traumreisen gleichwertig.

VI 9.   Homöopathie und Osteopathie

Die Kundalini hilft, die eigenen Blockaden aufzulösen. Es ist daher naheliegend, auch andere Methoden in Anspruch zu nehmen, die bei dieser Heilung helfen können.

Dafür bietet sich die Homöopathie an, da diese immer den ganzen Menschen betrachtet und das zu ihm passende Heilmittel aussucht. Durch die Homöopathie wird also keine Krankheit „weggemacht", sondern der ganze Mensch wieder ins Gleichgewicht gebracht. Wenn man einen guten Homöopathen gefunden hat, der einem das passende „Konstitutionsmittel" aussuchen kann, kann das eine große Hilfe bei der Erweckung der Kundalini sein.

Eine zweite Möglichkeit ist die Hilfe durch einen Osteopathen. Diese Ärzte sind sozusagen die „Feinmechaniker des Körpers", die Schiefstellungen von Gelenken, Krämpfe von Muskeln, Verkürzungen von Sehnen u.ä. mehr erkennen und behandeln können. Da sich die Zustände des Körpers aus den Zuständen der Psyche ergeben, kann es eine große Hilfe sein, wenn der Körper insgesamt wieder in einer „heilen Haltung" ist. Das erübrigt natürlich nicht die Auflösung der psychischen Blockaden, aber wenn an der psychischen Blockade nicht auch noch die entsprechende physische Blockade hängt, muß man insgesamt weniger bewegen, um in den heilen Zustand zurückzukehren …

VI 10.   Kräuter und Drogen

Die Menschen neigen seit jeher dazu, nach technischen Abkürzungen für innere Vorgänge zu suchen – das reicht von Einweihungsritualen über extreme Körperübungen bis hin zu Drogen.

Die meisten Kräuter und Drogen haben den großen Nachteil, daß sie entweder nicht viel bewirken oder daß sie bei falscher Dosierung zum Tod führen. Diese Gefahr liegt darin begründet, daß sich die Astralreise und das Kundalinifeuer bei einem Nahtod-Erlebnis recht deutlich zeigen.

Daher sind Drogen entweder nicht sehr wirksam oder sehr gefährlich. Am sichersten ist ihre Verwendung noch in einem traditionellen Rahmen, wo der Leiter oder die Leiterin die verwendeten Substanzen sehr genau kennt, den Menschen, der sie nehmen will, gut einschätzen kann und ihn auch führen kann.

Das bedeutet natürlich nicht, daß man nicht auch alleine bei Experimenten mit Kräutern, Pilzen u.ä. Erfolg haben kann, aber es ist eben recht gefährlich und kann bei einer falschen Dosierung mit dem Tod oder einer dauerhaften Schädigung der Psyche enden.

Ein Argument gegen Drogen ist auch, daß man alle Erlebnisse, die man unter Drogen haben kann, auch ohne Drogen durch die passenden Meditationen, Traumreisen, Rituale usw. erreichen kann. Auf diese Weise vermeidet man fatale Fehldosierungen und man wird in der Regel auch nur so viel erleben, wie man gut verarbeiten kann. Zudem wird man nicht von der Verfügbarkeit von Drogen abhängig.

Aber letztlich muß natürlich jeder für sich selber entscheiden, welchen Weg zu einem paßt und welchen Weg man gehen will …

VI 11.   Tanz

Wenn die Kundalini durch Blockaden behindert wird, dann sollte alles, was Bewegung bringt, förderlich sein … Daher ist das Tanzen und vor allem das vollständig improvisierte Tanzen etwas, das diese Blockaden auflockern kann und das einem helfen kann, sich daran zu erinnern, wie es ist, wenn man wieder freier fließen kann statt nur starr handeln zu müssen.

Man sollte die Wirkung der Tanz-Improvisation nicht unterschätzen, auch wenn sie auf den ersten Blick nicht viel mit der Kundalini zu tun zu haben scheint.

VI 12. Ekstase

„Ekstase" ist ein schillernder Begriff, doch im Grunde ist Ekstase etwas recht Einfaches: Einsgerichtetheit. Die krankhafte Variante ist die Fixierung, also die starre Ausrichtung z.B. auf eine Droge, eine Beziehung, Macht, Ruhm u.ä. Am bekanntesten ist Ekstase im Zusammenhang mit der Sexualität als der Orgasmus.

Man kann verschiedene Hilfsmittel benutzen, um den Zustand der Ekstase zu gelangen. Am wichtigsten ist natürlich die Motivation, also das Verlangen, einen bestimmten Zustand zu erreichen – oder noch besser, etwas Bestimmtes mithilfe dieser Ekstase zu erreichen.

Unter den verschiedenen Tierkreiszeichen scheint es im allgemeinen den Skorpionen am leichtesten zu fallen, den Zustand der Ekstase zu erreichen. Dies liegt daran, daß sie zur Einsgerichtetheit neigen – der Planet, der zum Skorpion gehört, ist der Pluto, der das Existentielle und daher auch das Einsgerichtete verkörpert. Aber die Ekstase ist natürlich jedem Menschen zugänglich.

Eine Einsgerichtetheit auf das eigene Wurzelchakra ist eine effektive Methode, um die Kundalini zu erwecken. Daher lohnt es sich, die verschiedenen Ekstase-Methoden einmal genauer zu betrachten.

Im Grunde reicht es, still dazusitzen und sich vollständig und ohne Schwanken auf das eigene Wurzelchakra zu konzentrieren. Da das jedoch nicht allen leicht fällt, sind im Laufe der Jahrtausende einige Hilfsmittel für diese Konzentration entwickelt worden. Letztlich streben sowohl die Meditation als auch die Ekstase die Einsgerichtetheit an – während die Meditation jedoch immer stiller und regloser wird, wird die Ekstase sozusagen immer lauter und bewegter.

Dieses Laute und diese Bewegungen sind zum einen rhythmisch und zum anderen auf das Ziel ausgerichtet – sie helfen einem, sich in etwas „hineinzusteigern".

- Eine einfache Form ist das Singen eines Mantras oder einer kurzen Liedstrophe, die ständig wiederholt werden. Dabei ist das gemeinsame Singen eine große Unterstützung: Wenn sich alle auf dasselbe (z.B. Shiva) konzentrieren und dabei dasselbe singen, koordiniert das die Psychen und die Lebenskraftkörper der Beteiligten, die dann gemeinsam zu schwingen beginnen – was dann den einzelnen trägt und ihn am Abschweifen hindert.

- Die zweite „klassische" Methode neben dem Gesang ist das Trommeln. Man schlägt einen Rhythmus, trägt den Rhythmus, wird von dem Rhythmus getragen, geht ganz in dem Rhythmus auf – und identifiziert den Rhythmus mit dem eigenen Ziel. Dieser Rhythmus kann entweder die ganze Zeit über gleich bleiben oder sich allmählich steigern – durch ein zunehmendes Tempo, durch größere Lautstärke, durch die Veränderung des Schlagmusters usw.

Fast alle Schamanen benutzen dafür eine Rahmentrommel (Tamburin, Bodhran), die die älteste Form der Trommel ist (ein zum Gerben auf einen Rahmen gespanntes Fell). Diese Trommel wird oft als das Pferd für die Jenseitsreisen der Schamanen bezeichnet.

Das Trommeln wird oft, aber nicht immer, vom Gesang des Schamanen oder einer Gruppe von Helfern begleitet.

- Die dritte „klassische" Methode ist der Tanz. Dazu wird in aller Regel getrommelt und meistens auch gesungen – wobei die Tänzer selber nur gelegentlich mitsingen.

Beim Tanz bewegt man sich in dem Rhythmus des Trommelns. Dadurch gerät der gesamte Körper in eine Schwingung und wird von dem Thema, auf das sich der Gesang, das Trommeln und der Tanz beziehen, erfüllt.

Ein typisches Element von Ekstasetänzen ist das Stampfen mit den Füßen, was so charakteristisch für die afrikanischen Tänze ist. Diese Bewegung erdet, konzentriert, bringt auf den Boden, sammelt Kraft, verbindet mit der Erde – das kann man am besten begreifen, wenn man es einmal ausprobiert. Man ruft mit jedem Stampfen das herbei, was man erreichen will. Dieses Element gibt es in abgeschwächter Form auch in den rein rhythmischen Teilen des indischen Tempeltanzes („Kathakali").

Ein zweites Element ist die pantomimische Darstellung, bei der oft auch Verkleidungen und Masken verwendet werden. Meist wird mit der Pantomime der Rahmen geschaffen, in dem dann der rein rhythmische Teil stattfindet: Die Pantomime beschreibt und ruft die Gottheit herbei, in die sich dann der betreffende Tänzer durch einen rein rhythmischen Tanz hineinsteigert. Diese „Aufgabenteilung" findet sich auch in den traditionellen afrikanischen Tänzen.

Es gibt auch besondere Formen des Ekstase-Tanzes wie z.B. die Derwisch-Tänze. Bei ihnen drehen sich die Tänzer über längere Zeit im Kreis und blicken in ihre ausgestreckte Hand, die sie mit der Handinnenfläche zu sich gerichtet vor sich halten. Der Trick dabei ist einfach: Solange man auf die Handinnenfläche schaut, kann man sich weiterdrehen – sobald man jedoch in die Umgebung schaut, wird einem durch das Drehen schwindlig und übel. Dieser Tanz zwingt den Tänzer geradezu dazu, einsgerichtet zu werden, da ihm sonst schlecht wird.

Dies ist im Grunde dieselbe schlitzohrige Taktik wie die der tibetischen Lamas, die ihre Schüler die Kundalini-Meditation üben lasen, indem sie ihre Schüler in eisiger Kälte nasse Kleidung an ihrem Körper trocknen lassen. Die unangenehmen Umstände, die auftreten, wenn man die Einsgerichtetheit verläßt (Übelkeit, Kälte), erleichtern die Einsgerichtetheit.

Diese Taktik findet sich auch beim Feuerlaufen wieder, bei dem man barfuß über glühende Kohlen läuft.

Ekstasetänze werden meistens über eine längere Zeit hin getanzt – eine gute Zeit ist mindestens eine halbe Stunde am Stück, besser eine ganze Stunde. Das gilt auch für das Trommeln und das Singen. Mit Übung kann die Zeit, die man braucht, um in die Einsgerichtetheit zu gelangen, natürlich sehr viel kürzer werden.

Wenn man solche Tänze durchführt, aber nicht bei der Sache ist, sind sie extrem anstrengend und man ist nachher ziemlich erschöpft. Wenn man jedoch z.B. einen Kriegstanz aufführt und tatsächlich auf jemanden wütend ist und ihm den Krieg erklärt hat und dann tanzt, gewinnt man durch den Tanz Kraft – die Bewegungen müssen dann auch nicht mehr bewußt gesteuert werden, sondern ergeben sich von selber aus der Motivation heraus: Der Tanz beginnt aus der eigenen Mitte heraus zu fließen und ist einsgerichtet und voller Kraft.

- Eine spezielle Form der Ekstase-Technik ist die Sexualität. Sie wird im folgenden Abschnitt („Tantra") besprochen.

- Eine Grundlage vieler Ekstase-Methoden ist die Identifizierung mit einer Gottheit („Invokation"). Die Methode hängt dabei natürlich von dem Charakter der ausgewählten Gottheit ab – wobei die meisten Ekstase-Rituale auch eine Anrufung der Gottheit und evtl. auch gesungene Mantren und Lieder an diese Gottheit enthalten werden.

Diese Invokationen können sehr verschieden aussehen: Bei einer Anrufung des Pan wird man auf der Panflöte spielen und tanzen, bei einer Krishna auf der Querflöte spielen und tanzen, zu Apollon paßt die Leier, zu Dagda und Bragi die Harfe, zu dem westafrikanischen Donnergott Shango die Trommel, bei der Anrufung des Osiris spielt der Weltenbaum („Djed") eine wichtige Rolle, bei der Anrufung der Erd- und Jenseitsgöttinen das Hügelgrab usw.

Es ist nicht unbedingt notwendig, eine Methode der Tanz-Ekstase zu üben, um die Kundalini zu erwecken, aber es könnte lohnend sein, einmal einen improvisierten Kundalini-Tanz auszuprobieren und die Kundalini singend und stampfend aus der Erde herauf und in sich hinein zurufen.

VI 13. Tantra

„Tantra" bedeutet „Gewebe" und bezeichnet ursprünglich die Zusammenfassung und Erweiterung der ursprünglichen Schriften des Buddhismus, die „Sutra", d.h. „Fäden" genannt werden.

Es hat im Buddhismus drei Stufen gegeben:

> 1. das Hinayana („kleiner Weg"), das die älteste Methode ist, die die Veränderung der eigenen Situation durch richtiges Verhalten anstrebt – sie entspricht in etwa dem Alten Testament

> 2. das Mahayana („große Weg"), die die Nächstenliebe ins Zentrum der eigenen Bemühungen stellt – diese Methode entspricht in etwa dem neuen Testament

> 3. das Vajrayana („Diamant-Weg"), der die jüngste Methode ist und die verschiedensten Methoden benutzt, um möglichst schnell die Erleuchtung zu erreichen – sie entspricht in etwa den christlichen Mystikern

„Tantra" bezeichnet also eigentlich die Richtung des Buddhismus, in der man sehr engagiert, risikobereit und einsgerichtet nach der Erleuchtung noch in diesem Leben strebt.

> Eine der vielen Methoden, die dabei benutzt werden, ist die Sexualität. Diese Verwendung beruht darauf, daß die Sexualität eine der größten Antriebskräften in den Menschen ist. Die Methode, die heute im Westen meistens als „Tantra-Yoga" bezeichnet wird, besteht darin, daß sich ein Mann und eine Frau vereinen, aber keinen Orgasmus zulassen. Man bewegt sich nur so viel, daß die Spannung aufrechterhalten bleibt, und spürt in sich hinein, was dort geschieht. Das mag langweilig klingen, aber man kann auf diese Weise so manches erleben.

> Ein zweiter Aspekt dieser Methode besteht darin, daß man in sich das Bild des heilen Mannes und der heilen Frau trägt. Man kann diese beiden Bilder als die polaren Spiegelbilder der eigenen Seele in der Lebenskraft auffassen. Man kann diese beiden inneren Bilder durch Meditationen, Traumreisen und Rituale finden. Um zur eigenen Seele zu gelangen, ist es oft notwendig, den inneren Mann und die innere Frau miteinander zu vereinen.

Im Yoga werden der innere Mann und die innere Frau den beiden Seiten-Lebens-kraftkanälen Ida und Pingala zugeordnet. Um ganz zu sich selber zu gelangen, ist es notwendig, die Lebenskraft, die sich in Ida und Pingala befindet, in die Sushumna, also in den mittleren Lebenskraft-Kanal zu leiten. Das entspricht der Vereinigung des inneren Mannes mit der inneren Frau, die man entweder in einer Meditation imaginieren oder eben auch mit einem konkreten Partner rituell durchführen kann. Die Sushumna ist mit der eigenen Seele verbunden. Diese Yoga-Methode benutzt vor allem das Pranayama, also die Atemlenkung.

Da die Psyche nicht nur aus der Seele als ihrem Samenkorn und aus ihren beiden heilen, polaren Spiegelbildern, also aus dem inneren Mann und der inneren Frau bestehen, sondern im Laufe des Lebens durch die verschiedensten Erlebnisse immer komplexer wird, entstehen aus den beiden heilen Bildern die verzerrten Frauen- und Männerbilder in der Psyche. Diese verzerrten inneren Bilder prägen die Psyche und das eigene Verhalten in sehr hohem Maße.

Insgesamt sind das Bild der Seele, das heile innere Frauen- und Männerbild sowie die verzerrten Frauen- und Männerbilder in der eigenen Psyche ein inneres Mandala.

Die verzerrten Frauen- und Männerbilder in der eigenen Psyche entsprechen den drei bereits dargestellten krankhaften Polarisierungen, die auch den drei Chakren-Paaren entsprechen: Süchtiger und Asket, Täter und Opfer, sowie Star und Fan.

Dieses Mandala, seine Entstehung, seine Struktur und seine Heilung durch ein Mandala-Ritual habe ich in „Das Beziehungs-Mandala" ausführlich beschrieben.

Man muß, um die Kundalini zu erwecken, natürlich nicht dieses innere Mandala kennen, aber es kann bei der Orientierung und bei dem Erkennen des nächsten sinnvollen Schrittes sehr hilfreich sein.

Eine einfache Meditation, die auf diesem inneren Mann/Frau-Mandala beruht, wird in einem späteren Kapitel noch ausführlicher beschrieben.

VI 14. Lehrer

Es ist eine Stil-Frage, ob man sich einen Lehrer sucht oder nicht. Manche Menschen brauchen diese Form des Rückhalts und der Anleitung – für andere ist solch ein Lehrer jedoch nur ein Hindernis. Das muß jeder für sich selber herausfinden.

Der Vorteil eines guten Lehrers ist natürlich, daß er das kennt und beherrscht, was man selber sucht. Insofern kann ein Lehrer ein Abkürzung sein, ein Pfadfinder, eine Brücke über einen Abgrund …

Wenn es einem selber entspricht, von einem Lehrer zu lernen, und wenn man selber auch eine klare und eindeutige Motivation hat, wird man auch den passenden Lehrer finden. Wenn die Motivation unklar ist, wird auch der Lehrer unklar sein … man findet das, was gerade zu einem paßt, d.h. das, was das eigene Innere am treffsichersten widerspiegelt …

VI 15. Selbsttreue

Die Grundlage all dieser Methoden ist das Streben nach dem, was man will – oder nach der Richtigkeit, dem Heilsein ... wie auch immer man den angestrebten Zustand umschreiben möchte.

Die Kundalini ist das Werkzeug, ein Hilfsmittel, ein Heiler – die frei fließende Kundalini ist der bestmögliche Zustand.

Dieses Streben hat die Selbsttreue als Grundlage.

VI 16. Hier und Jetzt

Das Ruhen im Hier und Jetzt ist ebenfalls ein wichtiger Punkt. Wo könnte man sich konzentrieren, wo könnte man erleben und wo könnte man etwas tun, wenn nicht im Hier und Jetzt? Das Hier und Jetzt gehört zur Einsgerichtetheit dazu – nur im Hier und Jetzt kann man ganz „bei der Sache sein".

Daher ist die Frage „Was will ich genau hier und jetzt?" immer wieder wichtig. Wenn man sich lediglich diese Frage immer wieder und so oft stellt, daß man anfängt, ganz in der Gegenwart präsent zu werden, wird man in einen völlig neuen Zustand gelangen ... auch die Kundalini kann nur im Hier und Jetzt frei fließen ...

VII   Das Zünden der Kundalini

Es stellt sich bei all dem natürlich auch die Frage, wie das Fließen der Kundalini in Gang kommt, wie man das Feuer der Kundalini entzünden kann, wie man ihren Flug in die Höhe anregen kann, wie man ihr Gedeihen bewirken kann. Wie und wo beginnt dieser Prozeß?

Wie bei fast allen Dingen gibt es auch hier wieder einmal mehrere Möglichkeiten.

VII 1.   Wurzelchakra

Der bekannteste Fall ist sicherlich das Zünden der Kundalini im Wurzelchakra. Dies scheint in Indien die hauptsächliche Methode zu sein. Vermutlich ist dies auch die älteste Methode, da sie sowohl von den Indern als auch von den Germanen bekannt ist und daher auf die Indogermanen zurückgehen wird. Diese Methode ist auch von den Tibetern bekannt, die sie von den Indern übernommen haben. Ansonsten scheint es nur sehr spärliche konkrete Hinweise darauf zu geben, in welchem Chakra man die Kundalini erweckt.

In der Regel wird die Kundalini vom Wurzelchakra bis zum Scheitelchakra emporgeleitet – manche Anleitungen empfehlen jedoch, die Kundalini dann noch vom Scheitelchakra weiter bis zum Dritten Auge zu leiten, durch das diese Kraft dann gelenkt und in der Magie genutzt werden kann.

VII 2.   Sonnengeflecht

Das Zünden der Kundalini im Sonnengeflecht findet man vor allem in Tibet. Es scheint so, daß es am einfachsten ist, die Lebenskraft im Sonnengeflecht zu spüren – was möglicherweise die Tibeter dazu angeregt hat, mit dem Zünden der Kundalini im Sonnengeflecht zu experimentieren.

Das Erwachen und Aufsteigen der Kundalini vom Sonnengeflecht kommt manchmal auch spontan vor – es scheint sich dabei also um einen natürlichen Vorgang zu handeln.

Auch in diesem Fall wird die Kundalini in der Regel bis zum Scheitelchakra empor geführt.

VII 3. Fußchakren

Eine dritte Möglichkeit ist das Zünden der Kundalini in den Fußchakren. Dies ist vor allem als „Weinfurter Methode" bekannt. Dabei imaginiert man in seinen Fuß-Nebenchakren in der Mitte der Fußsohlen nacheinander immer für einige Minuten einen der fünf Vokale und singt sie dabei innerlich. Man richtet also die eigene Konzentration auf die Fuß-Nebenchakren aus.

Die Hitze erwacht in diesem Fall in den Füßen und steigt dann durch die Beine bis zum Wurzelchakra empor und von dort aus dann den üblichen Weg weiter hinauf.

VII 4. Kopf

Die letzte Möglichkeit ist das Zünden im Kopf, d.h. im Dritten Auge. Diese Möglichkeit ist wie die vorige Methode eher unbekannt. Sie wird „Sebottendorf-Methode" oder „Sebottendorf-Buchstabenübungen" genannt. Sie besteht aus einigen Worten und Gesten, die man regelmäßig durchführt. Bei diesem Verfahren wird die Kraft vom Dritten Auge bis hinunter zum Nabel geführt.

Diese Methode hat jedoch die Tendenz, die eigenen Schatten auf eine etwas chaotische Weise wachzurufen, weshalb sie eigentlich nicht zu empfehlen ist.

VII 5. Zusammenfassung

Es ist interessant, wo die Kundalini gezündet werden kann. Wenn man sich die Anordnung der Körperzonen in der Großhirn-Cortex anschaut, findet man da einige Übereinstimmungen. Diese Anordnung ist:

    1. Genitalien
    2. Zehen – Füße – Beine – Leib (außen) – Hals – Kopf
    3. Schultern – Arme – Hände – Finger
    4. Augen – Nase – Lippen – Zähne – Zunge – Rachen – Eingeweide

Die klassische Erweckung der Kundalini entspricht dem Abschnitt 1: in den Genitalien, die bei dem Wurzelchakra liegen, und dann aufwärts in Abschnitt 2.

Die Erweckung der Kundalini nach der Weinfurter Methode entspricht dem Abschnitt 2: von den Füßen und den Fußchakren an aufwärts.

Die Erweckung der Kundalini im Sonnengeflecht setzt in der Mitte des Abschnittes 2 an.

Die Erweckung der Kundalini bei der Sebottendorf-Methode entspricht dem Abschnitt 4: von den Augen und dem Dritten Auge an abwärts bis zum Nabel.

Es sieht so aus, als ob noch niemand versucht hätte, die Kundalini in den Schultern zu zünden und sie dann zu den Händen hinunter zu lenken. Das wäre etwas, was man evtl. bei Geistheilern u.ä. erwarten könnte, die die Lebenskraft mit ihren Händen lenken.

Die Genitalien, d.h. das Wurzelchakra liegt am Anfang der Körperzonen auf der Cortex und ist daher anscheinend auch der natürliche Startpunkt für die Erweckung der Kundalini. Die Füße (Fußchakren) und die Augen (Drittes Auge) liegen ebenfalls am Anfang eines Abschnittes und eigenen sich daher auch zum Zünden der Kundalini. Wie das Zünden der Kundalini im Sonnengeflecht zeigt, ist das Erwecken der Kundalini jedoch nicht auf diese drei Punkte im Körper (plus die Schultern?) beschränkt.

VIII   Das Erlebnis der Kundalini

Wie fühlt sich die Kundalini an, wenn sie erwacht ist? Diese Wahrnehmungen sind eng mit den Erlebnissen in den sieben Hauptchakren und auch mit dem Erlebnis der Blockaden in diesen Chakren verbunden.

Erfreulicherweise scheint die Wahrnehmung der Lebenskraft in den Chakren recht einheitlich zu sein, sodaß man hier einmal etwas beschreiben kann, was mehr oder weniger allgemeingültig ist.

VIII 1.   Lebenkraft-Erlebnisse in den Chakren

Das Erlebnis der Lebenskraft in den Chakren ist genauso unterschiedlich wie die verschiedenen Funktionen der Chakren.

VIII 1. a)   Wurzelchakra

Im Wurzelchakra wird die Lebenskraft meistens als ein Drehen und Glühen erlebt – was möglicherweise einen guten Teil zu der Feuerschlangen-Symbolik beigetragen hat. Dieses Drehen hat eine Frequenz von ungefähr 0,5Hz – eine Drehung braucht also ungefähr 2 Sekunden.

Es gibt allerdings noch einige Varianten zu dieser Wahrnehmung wie z.B. eine Art „leichte, kühle Hitze" – das ist zwar eine paradoxe Beschreibung, aber trifft die Wahrnehmung recht gut. Diese Empfindung hat auch etwas Müheloses, Einfaches und Natürliches.

Die häufig als erstes auftretende Empfindung ist ein leichter, angenehmer, pulsierender Druck, der den Eindruck von „erwachender Lebendigkeit" vermittelt.

Diese Wahrnehmungen können sich nach und nach zu einer immer intensiveren Hitze steigern.

VIII 1. b)   Hara

Die Empfindung im Hara ist eher unspektakulär: Sie fühlt sich an wie ein leichter warmer Druck, der Halt und innere Ruhe und Standfestigkeit vermittelt.

VIII 1. c)   Sonnengeflecht

Die Empfindung im Sonnengeflecht ist sehr markant: ein „glitzerndes, elektrisches Prickeln", das sich nach einer Weile strahlenförmig wie in Adern nach allen Richtungen hin ausbreitet.

Es gibt manchmal auch ein Gefühl von Druck, leichtem Brennen und Unwohlsein, das anfangs gar nicht so einfach von großem Hunger unterscheidbar ist.

Das Sonnengeflecht kann auch zu „brennen" beginnen, was eine zwar gefaßte, aber zugleich auch sehr lebhafte, lebendige Empfindung ist.

Wenn das Sonnengeflecht richtig „zündet", entsteht eine intensive, strahlförmige Hitze, die nach oben hin ausgerichtet ist.

VIII 1. d)   Herzchakra

Die Empfindung des erwachenden Herzchakras klingt ausgesprochen kitschig, aber sie ist so: ein Liebe-erfülltes Aufglühen. Der ganze Brustbereich wird von Wärme, Liebe und Glück erfüllt, wobei sich diese Liebe auf niemanden konkret bezieht und dieses Glück keine Ursache hat. Wärme, Liebe und Glück sind das, was in dem Herzchakra enthalten ist und was das Herzchakra ausstrahlt – es wird nichts gebraucht, um in diesen Zustand zu gelangen, sondern es wird lediglich nach etwas gesucht, wodurch man diese Gefühle ausdrücken kann.

Dieses Gefühl ist vermutlich das, was man landläufig als „mir wird um's Herz so warm" beschreibt.

Dieses Gefühl ist eines der erfüllendsten Dinge, die man erleben kann – es beendet jeglichen Mangel, jegliche Angst und jeglichen Selbstzweifel und ist die Wurzel von Fülle, Kraft und Selbstliebe.

VIII 1. e)   Halschakra

Das Halschakra wird anfangs wie eigentlich jedes Chakra als leichter Druck empfunden.

Dieser Druck kann sich jedoch zu einem Strahlen und einem Gefühl von Souveränität und Freiheit und hemmungslosem sozialen Selbstausdruck steigern.

VIII 1. f)   Drittes Auge

Im Dritten Auge entsteht zunächst eine leise Regung, eine Präsenz, das sich fast wie eine leichte Berührung anfühlt.

Daraus wird dann nach und nach ein pulsierender Druck, wobei dieses Pulsieren sehr deutlich werden kann. Dieses Pulsieren hat eine Frequenz von ungefähr 1Hz, also einem Pulsieren pro Sekunde.

Mit dieser Empfindung ist ein Gefühl der Klarheit, der Ausrichtung, der Entschlossenheit und der Lenkung verbunden.

VIII 1. g)   Scheitelchakra

Manchmal bemerkt man zunächst so etwas wie einen Ring um den Kopf, der von der Schädelbasis über die Ohren und am Haaransatz oben an der Stirn verläuft. Dieser Ring ist auch als „Migräne-Ring" bekannt, da bei der Migräne die Schmerzen vorzugsweise dort auftreten.

Zu dieser Ring-Druck-Empfindung kann sich ein „Strahlen nach oben" gesellen, das evtl. mit einem leichten Prickeln verbunden ist.

In der nächsten Stufe erfüllt dieses Prickeln dann den ganzen oberen Kopf oberhalb des „Migräne-Rings" – deshalb wird dieses Chakra auch „Scheitelchakra" genannt.

Als nächstes scheint sich dann der ganze Scheitel, also die obere Kopffläche, nach oben hin aufzuwölben – das hat zu der Darstellung von Buddha mit dem Haarknoten auf seinem Kopf geführt. In diesem aufgewölbten Teil des Kopfes entsteht das Gefühl eines hellen Strahlens.

VIII 1. h)   Handchakren

In den Handchakren ist als erstes ein leichter Druck, dann ein Pulsieren mit ca. 0,5Hz und schließlich ein Rotieren mit 0,5Hz (eine Umdrehung in 2 Sekunden) zu spüren. Dabei gibt es die Empfindung, daß die Handchakren entweder Lebenskraft aussenden oder Lebenskraft aufnehmen.

VIII 1. i) Fußchakren

In den Fußsohlen ist die Aktivität der dortigen Chakren als ein leichter, angenehmer und mit der Erde verbindender Druck zu spüren. Vermutlich kann dort auch dasselbe Pulsieren und Rotieren wie in den Handchakren auftreten.

VIII 2. Das Erlebnis der Kundalini

Die Kundalini erwacht mit einer Folge von mehreren Empfindungen – es ist unwahrscheinlich, daß dies für alle Menschen genau dieselbe ist, aber diese Folge scheint doch recht häufig vorzukommen.

VIII 2. a) Elektrisches Prickeln

Die erste Stufe ist ein leichtes elektrisches Prickeln, daß der Empfindung im erwachenden Sonnengeflecht recht ähnlich ist. Diese Empfindung wird interessant, belebend und macht neugierig auf mehr.

VIII 2. b) Hitze

Die zweite Stufe der Empfindungen ist eine luftig-fliegende Hitze, die den ganzen Leib einhüllt – allerdings meist nicht die Beine und Arme und manchmal auch nicht den Kopf. Diese Hitze bewegt sich flirrend wie die Luft im heißen Sommer auf einer Asphaltstraße. Diese Hitze ist unstet und fliegt ständig mit ihrem Intensitäts-Schwerpunkt wie ein Nebelstreif von einer Körperzone zur anderen.

VIII 2. c) Wärmehülle

Als nächstes entsteht eine Wärmehülle, wobei diese meist mit einer entspannten, „weichen" Konzentration verbunden ist, die sozusagen „wie nebenher" geschieht. Vermutlich ist es diese Wärmehülle, die die tibetischen Mönche benutzen, um sich im Winter warmzuhalten.

Diese Wärmehülle ist mit dem Gefühl der Fülle und der Zufriedenheit sowie der Entspannung verbunden.

VIII 2. d) Glühen

Schließlich tritt das konzentrierte, schlauchförmige Glühen auf. Dieser „Glut-Schlauch" wächst allmählich von unten nach oben hin – mit der „Geschwindigkeit einer kriechenden Schildkröte", wie es in den indischen Schriften so schön heißt. Vom Wurzelchakra bis zum Scheitelchakra sind dies dann ungefähr 40-50 Sekunden.

Es gibt allerdings auch die Variante, bei der die Kundalini-Hitze sehr plötzlich emporschießt.

VIII 2. e) Die Kundalini außerhalb des Körpers

Nach dem Aufsteigen bewegt sich die Kundalini weiter nach oben über den Scheitel hinaus, fließt dann wieder nach unten und sammelt sich erneut im Wurzelchakra. Dies kann als eine große Weitung des Bewußtseins erlebt werden.

VIII 2. f) Schlangen-Vision

Die aufsteigende Hitze kann manchmal auch als Schlange erlebt werden. Die Bewegungen der Kundalini in der zentralen Sushumna und auch in Ida und Pingala neben ihr wirkt manchmal wie ein silbrig-grau glänzender Schlauch, der nach oben hin immer länger wird und emporwächst. Die Ähnlichkeit dieser Wahrnehmung mit einer kriechenden Schlange, die aus dem Wurzelchakra hervor kommt, ist sehr groß, auch wenn meistens kein Kopf am Anfang der Schlange sichtbar ist.

VIII 3. Das Erlebnis der Blockaden

Die Blockaden im Lebenskraftfluß können auf recht verschiedene Weise erlebt werden: als Druck, als Verhärtung („Stein"), als beinahe physischer Schmerz (meist ein Stechen) und verschiedenes anderes.

Diese Blockaden befinden sich in der Regel an den Zwischenchakren, also am Schamhaaransatz, am Nabel, am unteren Ende des vorderen Brustbeins, am oberen Ende des vorderen Brustbeins, am Gaumen und am Haaransatz auf der Stirn („Migräne-Ring"). Dadurch wird der Lebenskraftfluß zwischen den beiden Hauptchakren über und unter diesem „verschlossenen Tor" verhindert – was auch zu unangenehmen Empfindungen in dem Hauptchakra selber führen kann.

VIII 3. a)   Hauptblockade und Gegenpol

In der Regel gibt es eine Hauptblockade, die sich dadurch auszeichnet, daß fast alle Lebenskraft in dem Chakra gestaut wird, das man für sein Überleben einsetzt. Das bedeutet, daß das Zwischenchakra auf der dem Herzchakra zugewandten Seite dieses Hauptchakras verschlossen ist: Es staut die Lebenskraft in diesem Hauptchakra.

Das Gegenchakra zu dem Chakra mit dem Lebenskraftstau befindet sich im Lebenskraft-Mangel – auch das herzseitige Zwischenchakra dieses Hauptchakras ist blockiert: Es läßt keine Lebenskraft in dieses Hauptchakra.

Die sechs Standard-Möglichkeiten für eine solche zweifache Blockade sind:

1. a) Süchtiger (Gier)
   - Lebenskraftstau im Wurzelchakra
      durch eine Blockade im Schamhaar-Zwischenchakra
         und
   - Lebenskraftmangel im Scheitelchakra
      durch eine Blockade im Haupthaar-Zwischenchakra

1. b) Asket (Verzicht)
   - Lebenskraftstau im Scheitelchakra
      durch eine Blockade im Haupthaar-Zwischenchakra
         und
   - Lebenskraftmangel im Wurzelchakra
      durch eine Blockade im Schamhaar-Zwischenchakra

2. a) Täter (Macht)
   - Lebenskraftstau im Hara
      durch eine Blockade im Nabel-Zwischenchakra
         und
   - Lebenskraftmangel im Dritten Auge
      durch eine Blockade im Gaumen-Zwischenchakra

2. b) Opfer (Ohnmacht)
- Lebenskraftstau im Dritten Auge
durch eine Blockade im Gaumen-Zwischenchakra
und
- Lebenskraftmangel im Hara
durch eine Blockade im Nabel-Zwischenchakra

3. a) Star (Größenwahn)
- Lebenskraftstau im Sonnengeflecht
durch eine Blockade im Wunschbaum-Zwischenchakra
und
- Lebenskraftmangel im Halschakra
durch eine Blockade im Thymus-Zwischenchakra

3. b) Fan (Minderwertigkeitskomplex)
- Lebenskraftstau im Halschakra
durch eine Blockade im Thymus-Zwischenchakra
und
- Lebenskraftmangel im Sonnengeflecht
durch eine Blockade im Wunschbaum-Zwischenchakra

Es gibt dabei eine interessante Dynamik: Jeder Süchtige zieht einen Asketen an –
und umgekehrt; jeder Täter zieht ein Opfer an – und umgekehrt; und jeder Star zieht
einen Fan an – und umgekehrt.

Das bedeutet, daß das Erwecken der Kundalini und die damit verbundene Heilung
der eigenen Psyche auch eine soziale Komponente hat: Man muß sich mit dem
Gegenpol zu dem eigenen Verhalten auseinandersetzen. Nur auf diese Weise kann
man zu dem heilen Zustand zurückfinden: Süchtiger und Asket zur Fülle; Täter und
Opfer zur Kraft; sowie Star und Fan zur Selbstliebe.

Diese Auseinandersetzung mit dem eigenen Gegenpol im Außen ist oft alles andere
als ein Vergnügen, aber dieser „Peiniger" ist derjenige, der einem selber unübersehbar
deutlich macht, wo die eigenen ungeheilten Wunden und somit auch die eigenen
unaufgelösten Blockaden liegen.

VIII 3. b)   Sechs Wege der Heilung

Wie eben schon dargestellt, hat man in der Regel eine Hauptblockade (Lebenskraft-
Stau), die durch die Blockade in dem anderen zu diesem Paar gehören Chakra ergänzt

wird (Lebenskraft-Mangel).

Jede dieser sechs möglichen Formen der Blockade der Lebenskraft hat im Laufe der Jahrtausende einen Weg entwickelt, um die eigene Einseitigkeit dazu zu benutzen, sich selber zu heilen: Der Süchtige benutzt die Improvisation, der Asket die Strenge, der Täter die Entschlossenheit, das Opfer die Hingabe, der Star die Weitung seines Selbstwertgefühls und der Fan die Hingabe an eine Gottheit.

Diese sechs Wege hat mir einmal meine Kundalini auf einer Traumreise mit den folgenden Versen beschrieben:

> *Der Asket benutzt seine Starre,*
> *um durch Dämme das Wasser des Lebens*
> *wieder in das ursprüngliche Flußbett zu leiten.*

> *Der Süchtige benutzt den improvisierten Tanz,*
> *um wieder ein Gespür*
> *für die Eigendynamik des Wassers des Lebens zu erhalten.*

> *Das Opfer sucht den rituellen Einweihungs-Tod,*
> *um wieder zum Herz des Lebens zurückzukehren.*

> *Der Täter nutzt seine Kraft,*
> *um sich allen inneren Ängsten zu stellen*
> *und hinter ihnen seine innere Quelle wiederzufinden.*

> *Der Fan verehrt eine Gottheit*
> *und gibt sich ihr hin*
> *und kehrt durch Bhakti-Yoga wieder zu sich selber zurück.*

> *Der Star weitet sich*
> *und sieht sich schließlich selber als Gott*
> *und findet dadurch die Quelle des Lebens wieder.*

VIII 3. c) Die drei Granthis

Die drei Granthis sind im Yoga die drei Haupthindernisse auf dem Weg der Kundalini vom Wurzelchakra hinauf zum Scheitelchakra.

1. Das <u>Rudra-Granthi</u> im Dritten Auge: Bei dieser Blockade hilft es, im „Drachen" zu sitzen (Schienbeine auf dem Boden, Hintern auf den Fersen) und ein helles „I" zu singen – dadurch sieht man die Dinge wieder so, wie sie wirklich sind. Rudra ist eine Erscheinungsform des Shiva.

Das Rudra-Granthi versperrt offenbar den Zugang zur Kraft und Klarheit, die die Essenz der analen Phase in der Entwicklung des Menschen ist.

2. Das <u>Vishnu-Granthi</u> im Herzchakra: Bei dieser Blockade hilft es, die Brust nach vorne zu wölben und ein volles „A" zu singen – dadurch kann die Aufrichtigkeit wiedergefunden werden.

Das Vishnu-Granthi versperrt offenbar den Zugang zur Selbstliebe, die die Essenz der phallischen Phase in der Entwicklung des Menschen ist.

3. Das <u>Brahma-Granthi</u> im Wurzelchakra: Bei dieser Blockade hilft es, den Körper hin- und her zu wiegen, ein tiefes „U" zu singen – dadurch kann wieder Geborgenheit und Fülle im Leben entstehen.

Das Brahma-Granthi versperrt offenbar den Zugang zur Geborgenheit, die die Essenz der oralen Phase in der Entwicklung des Menschen ist.

Geborgenheit (orale Phase, Brahma), Kraft (anale Phase, Shiva) und Selbstliebe (phallische Phase, Vishnu) sind die drei Fundamente, auf denen die Psyche des Menschen aufbaut.

Vermutlich kann man die klassische indische Chakren-Zuordnungen noch etwas erweitern:

- Die Zuordnung des Vishnu und der Selbstliebe zum Herzchakra ist schlüssig, da das Herzchakra die eigene Identität enthält. Eigentlich sollte man hier jedoch eine Zuordnung zum Sonnengeflecht und dem Halschakra erwarten, da das die beiden Chakren des Selbstausdrucks und der Selbstliebe (phallische Phase) sind – sie befinden sich direkt über bzw. unter dem Herzchakra.

- Die Zuordnung des Shiva und der Kraft zum Dritten Auge ist schlüssig, da dieses Chakra der analen Phase entspricht. Der Gegenpol zum Dritten Auge ist das Hara, das das zweite Kraft-Chakra ist.

- Die Zuordnung des Brahma und der Geborgenheit zum Wurzelchakra ist schlüssig, da das Wurzelchakra der oralen Phase entspricht. Der Gegenpol zum Wurzelchakra ist das Scheitelchakra, das das zweite Geborgenheits-Chakra ist.

Die drei Granthis entsprechen also im Wesentlichen den sechs möglichen Blockaden, die in den beiden vorigen Abschnitten dieses Kapitels beschrieben worden sind.

VIII 3. d) Reinkarnations-Trauma

Man kann die Betrachtung der Blockaden noch etwas weiter fassen und frühere Leben mit hinzunehmen. Das ist jedoch nicht unbedingt nötig, da man anscheinend alles, was man an Karma mitbringt, in den ersten drei Jahren neuinszeniert und dadurch in seinem derzeitigen Leben fest verankert.

Daher genügt die Heilung aller Blockaden in diesem Leben – dabei wird man die eventuellen Wurzeln dieser Blockaden in früheren Leben mit heilen.

IX Meditationen

Nach diesen Betrachtungen kann man nun schauen, wie man bei der Meditation am besten vorgeht. Das läßt sich natürlich nicht allgemein konkret festlegen – es läßt sich lediglich sagen, was man in welcher Situation einmal ausprobieren könnte.

IX 1. Individuelles

Wenn man nicht der Typ ist, der gerne einem festgelegtem Plan oder einem Lehrer folgt, ist man auf Versuche angewiesen – ausprobieren, die Wirkung beobachten, mit anderen Methoden vergleichen, eine neue Methode oder eine neue Kombination von Methoden entwerfen und ausprobieren, mit anderen über deren Erfahrungen sprechen … Auf diese Weise kann man sich seinen Weg suchen und dabei eine solide Sachkenntnis erwerben.

IX 1. a) Die Motivation

Die Motivation ist das Fundament des Ganzen – sie bestimmt, was man anstrebt, welche Methoden man wählt, wieviel Zeit und Energie man in seine Versuche steckt … Daher ist es sinnvoll, die eigene Motivation zu prüfen und die eigenen Ziele möglichst zutreffend zu formulieren.

Von Zeit zu Zeit sollte man seine Motivation überprüfen – vielleicht hat sich ja etwas an ihr geändert, weil man einige Dinge erreicht hat, neue Möglichkeiten entdeckt hat, einige weitere Methoden gefunden hat usw. Nur durch die regelmäßige Überprüfung des Zieles und der Methoden kann man auf dem richtigen Kurs bleiben.

IX 1. b) der eigene Stil

Egal, was andere sagen, ist es wichtig, dem eigenen Stil treu zu sein – egal wie der auch aussehen mag. Manche möchten geführt werden, andere wollen selber erforschen, einige brauchen einen großen Rückhalt und eine klare Anleitung, wieder andere bauen ihre Übungen auf der Belehrung und Kraftübertragung durch einen Lehrer auf … Nur wenn man den eigenen Stil benutzt, kann man wirklich Erfolg haben und effektiv sein.

IX 2. Das Mantra

Die allermeisten Meditationen benutzen ein Mantra. Auch in den Kundalini-Meditationen wird meistens ein Mantra verwendet. Wenn es keinen Grund gibt, eine bestimmtes, konkretes Mantra zu benutzen, ist das Mantra „Feuer" am naheliegendsten, weil die meisten Wahrnehmungen der Kundalini und der Chakren Formen von Hitze sind.

Man kann durchaus auch mit verschiedenen Mantren experimentieren, aber man sollte sich lieber längere Zeit auf ein Mantra festlegen, weil dessen Wirkung dann größer ist.

IX 3. Der Atem

Wie bereits beschrieben, wird das Mantra manchmal von einer bestimmten Atemtechnik begleitet. Dabei wird das Mantra in der Regel nur innerlich gesprochen, da das Sprechen eng mit dem Atem zusammenhängt und daher auch den Atemrhythmus prägt.

Auch hier sollte man nicht allzu oft die verwendete Methode wechseln.

IX 4. Die Körperhaltung

Die Körperhaltung ist variabler als das Mantra oder der Atemrhythmus. Man kann verschiedene Haltung ausprobieren, um zu schauen, wie sie sich anfühlen. Wenn eine Haltung überzeugend ist, kann man zu ihr wechseln und z.B. nicht mehr wie bisher im Lotussitz, sondern im Drachen meditieren.

Doch auch hier sind häufige Wechsel eher störend.

IX 5. Die Imaginationen

Bei den Imaginationen gibt es eine große Vielfalt. Auch hier ist es empfehlenswert, eine Imagination als Grundlage zu benutzen und als roten Faden bei allen Variationen beizubehalten. Darumherum kann man jedoch alles mögliche ausprobieren und schauen, wie die Wirkung ist.

IX 5. a)   Das Wurzelchakra

Das Wurzelchakra wird in der Regel der Ort im Körper sein, an dem man die Kundalini zu erwecken versucht. Die beiden Alternativen, die man des öfteren antreffen kann, sind das Sonnengeflecht und die Fußchakren. Man kann auch hier experimentieren, aber man sollte auch dabei ein Chakra als durchgehenden roten Faden benutzen.

IX 5. b)   Die Sushumna

Der Yogi Naropa, der vor 1000 Jahren gelebt hat und von dem die heutige buddhistische Überlieferung in Tibet abstammt, hat einige Vorübungen für die eigentliche Erweckung der Kundalini empfohlen. Die wichtigste davon bezieht sich auf die Sushumna.

Man stellt sich eine Röhre in der Mitte des Körpers vom Wurzelchakra bis hinauf zum Scheitelchakra vor.
Dann verengt man diese Röhre, bis die Öffnung in ihr nur noch so groß wie die Dicke eines Haares ist.
Dann weitet man diese Röhre, bis die Öffnung in ihr die ganze Erde fassen kann.
Zwischen diesen beiden Vorstellungen wechselt man mehrmals hin und her. Dadurch soll die Sushumna elastisch und durchlässig werden.

Man kann die Sushumna auch als Lichtstab im eigenen Körper imaginieren. Diese Imagination, die mir Nropa auf einer Traumreise gezeigt hat, ist auch sehr wirksam, wenn man verwirrt ist, turbulente Gefühle hat oder auf sonst eine Weise seinen Halt verloren hat.

IX 5. c)   Ida und Pingala

In diesen beiden Lebenskraft-Kanälen neben der Sushumna, die sich alle drei an jedem Chakra kreuzen, liegen das innere Frauenbild und das innere Männerbild.
Sie spielen im Pranayama-Yoga eine große Rolle, also bei der Lenkung des Atems durch den Körper. Sie enden dem Pranayama-System zufolge im rechten und im linken Nasenloch – ich habe aber schon oft erlebt, daß die Lebenskraft durch diese

Kanäle bis mindestens zum Dritten Auge, manchmal auch weiter bis zum Scheitel-chakra aufgestiegen ist.

Die Konzentration auf diese beiden Lebenskraft-Kanäle kann dazu führen, daß man sie wie zwei aufsteigende Schlangen erlebt, die eine ausgeprägte Eigendynamik und außerdem ein Aussehen haben, das von selber auftaucht und nicht imaginiert zu wer-den braucht – wie bereits gesagt zwei silbergraue „Schläuche", die wie Schlangen aussehen und sich auch so bewegen.

Dieses Aufsteigen der Lebenskraft in Ida und Pingala führt zum Erwecken des Scheitelchakras und zu einer größeren, sich selber stabilisierenden Konzentration.

IX 5. d)   Die drei Nadis

Die Lebenskraft-Kanäle werden in Indien insgesamt „Nadis" genannt – die wichtig-sten von ihnen sind die Sushumna sowie Ida und Pingala.

Der wichtigste Vorgang in ihnen ist die Lenkung der Lebenskraft aus Ida und Pin-gala in die Sushumna in der Mitte. Dies entspricht der Erkenntnis, daß der heile innere Mann und die heile innere Frau (Ida und Pingala) Spiegelbilder der eigenen Seele (Sushumna) sind.

Mir scheint, daß man dieses Lenken der Lebenskraft zur Mitte zwar auch durch Atemübungen anregen kann, aber das es eine sanftere und organischere Methode ist, Lebenskraft in Ida und Pingala hineinzuleiten und sie dadurch anzuregen, sie kennen-zulernen, die Bilder in ihnen zu finden und zu heilen – woraufhin sich dann der Fokus von selber zur Sushumna hin, also zu der eigenen Seele im Herzchakra verschiebt.

Aber das ist jetzt nur meine Meinung, meine Vorgehensweise und mein Stil.

IX 5. e)   Innerer Mann und innere Frau

Man kann den Prozeß der Vereinigung von Ida und Pingala zur Sushumna bzw. das Leiten der Lebenskraft aus den beiden äußeren Nadis in den mittleren Nadi auch durch Imagination anregen.

Dafür stellt man sich in seinem Wurzelchakra den heilen inneren Mann vor, der im Lotussitz auf dem Wurzelchakra, das man sich als Lotusblüte vorstellt, sitzt. Vor ihm sitzt die innere heile Frau.

Beide sind nackt. Beide schauen sich an. Wenn man spürt, daß es die rich-tige Zeit dafür ist, setzt sich die Frau auf den Schoß des Mannes und beide vereinen sich.

Dann läßt man sich Zeit und spürt in diese Vereinigung hinein.

Diesen Vorgang wiederholt man der Reihe nach im Hara, im Sonnengeflecht, im Herzchakra, im Halschakra, im Dritten Auge und im Scheitelchakra.

Man kann diese Meditation ausbauen, indem man sich die Qualitäten und Funktionen des jeweiligen Chakras deutlich macht und sich vorstellt, daß der Mann und die Frau, die sich in ihm vereinen, den heilen Zustand dieses Chakras wiederherstellen.

Diese Imagination läßt sich auf vielfältige Weise erweitern: indem man mit den beiden spricht, indem man innerlich für das jeweilige Chakra und die beiden in ihm zu singen beginnt, indem man sich von der Qualität der Vereinigung erfüllen läßt, indem man dabei die klassischen indischen Chakra-Mantren benutzt usw. Hier ist es förderlich, dem eigenen Stil entsprechend kreativ zu werden.

IX 5. f) Das Sonnenkind

Das Bild der eigenen Seele im Herzchakra, das auch mit der Sushumna assoziiert ist, kann auch als „Sonnenkind" erscheinen – als strahlendes, glückliches, spielendes Kind. Dieses Urbild findet sich z.B. auch auf der Tarotkarte „Die Sonne" abgebildet.

Man kann dieses Urbild z.B. auf einer Traumreise zu sich rufen oder es nach der im vorigen Abschnitt beschriebenen Vereinigung des inneren Mannes mit der inneren Frau einladen, einem zu erscheinen. Man kann auch eine Traumreise in die Sushumna oder in das Herzchakra unternehmen, um das Sonnenkind zu finden – also sich selber in dem ursprünglichen, heilen Zustand zu sehen.

Wenn man dieses Sonnenkind in sich gefunden hat, beginnt der eigentlich kreative Teil, der sich an die Heilung anschließt: ausdrücken, wer man ist.

Natürlich ist man nicht sofort vollständig geheilt, wenn man sein inneres Sonnenkind findet, aber man weiß dann, wer man eigentlich ist und was man will und wie man leben will – das ist eine große Hilfe bei der Heilung.

Das Sonnenkind ist sozusagen das kollektive Bild für die Seele, das Seelen-Urbild. Die individuelle Gestalt der eigenen Seele muß man selber finden – sie ist bei jedem ein wenig anderes.

IX 5. g) Feuer

Die Imagination von Feuer im Wurzelchakra ist vermutlich die wichtigste einzelne Methode zur Erweckung der Kundalini. Dabei wird sehr oft ein gleichseitiges rotes Dreieck oder ein spitzes rotes Dreiecks im Wurzelchakra imaginiert.

Wenn man dieses Dreieck um seine senkrechte Mittelachse rotieren läßt, wird aus dem Dreieck ein Kegel – was meiner Erfahrung nach eine effektivere Imagination ist.

Man kann auch einen roten Tetraeder benutzen, also einen platonischen Körper, dessen Oberfläche aus vier gleichseitigen Dreiecken besteht. Dies hat die Wirkung, daß aus der nach oben weisenden Spitze des Tetraeders spontan die Sushumna nach oben hin aufsteigt. Evtl. bildet sich auch im Scheitelchakra spontan ein umgekehrter, also mit seiner Spitze nach unten weisender, weißer Tetraeder. Dadurch entsteht eine innere Ruhe und Stabilität.

IX 5. h) Schlürfen

Es gibt eine inzwischen weiter bekannte Methode, um die Lebenskraft vom Wurzel-chakra zum Scheitelchakra emporzuleiten. Da diese Methode einigen Druck auf die Lebenskraft ausübt, sollte man sie zunächst einmal nicht allzuoft anwenden und darauf achten, daß man sich die Zeit dafür nimmt, die dabei auftretenden Erlebnisse auch zu verarbeiten und zu integrieren.

Die Methode, die im Sitzen ausgeführt wird, sieht wie folgt aus:

- Einatmen:
    - die Luft deutlich hörbar schlürfend einatmen
    - das Becken nach vorne biegen
    - die Beckenbodenmuskulatur (zwischen Genitalien und After) an-spannen
    - das Aufsteigen der Lebenskraft als weißes Licht imaginieren

- Ausatmen:
    - die Luft deutlich hörbar stoßartig ausatmen
    - das Becken nach hinten biegen
    - die Beckenbodenmuskulatur entspannen
    - die Imagination loslassen

Diese Übung hat Ähnlichkeit mit der Vorübung des Naropa, bei der die Sushumna imaginiert wird.

Diese Übung kann dazu führen, daß man das Wurzelchakra spürt, daß man Hitze im Kopf empfindet, daß man die eigene Sushumna sieht usw. Man sollte sich Zeit nehmen, diese Phänomene zu betrachten und in sie hineinzuspüren.

Ein entspanntes Vorgehen ist bei dieser Übung wirksamer als eine verbissene Konzentration – was letztlich natürlich für alle Tätigkeiten im Zusammenhang mit der Lebenskraft gilt.

IX 5. i) Das Wurzelchakra der Erde

Der Lebenskraftkörper des Menschen ist nicht Isoliertes – in allen Dingen ist Lebenskraft: in allen Menschen, Tieren, Pflanzen, Steinen, Bergen, Flüssen, Häusern, Maschinen, Wolken, Winden, Sternen usw. – eben in allem. Daher haben auch alle Dinge Chakren und einen Lebenskraftfluß.

Somit kann es förderlich sein, wenn man das eigene Wurzelchakra z.B. mit dem Wurzelchakra der Erde, also ihrem glühenden Eisen/Nickel-Kern verbindet. Das ist recht einfach und recht wirkungsvoll.

Man sendet im Sitzen, Stehen oder Liegen einen Lichtstrahl von seinem Wurzelchakra aus in die Erdmitte hinab bis man zu dem hellglühenden Erdkern kommt.

Dort bittet man seinen eigenen Anteil an dieser großen Kraft in der Erdmitte herbei. In den meisten Fällen erscheint dann eine Schlange oder ein Drache.

Diese Schlange bzw. diesen Drachen bittet man dann in den eigenen Körper hinein, worauf er aufsteigen, zum Wurzelchakra gelangen und dann den eigenen Körper erfüllen wird.

Manchmal hat diese Lebenskraft auch einfach die Gestalt eines Lichtstrahl oder einer „langgezogenen Lichtwolke".

Diese Übung vermehrt die eigene Lebenskraft, stärkt, macht lebendiger – wobei die Wirkung sicherlich wieder bei jedem Menschen ein wenig unterschiedlich ist.

IX 5. j) Das Licht des Himmels

Dasselbe wie für das Wurzelchakra gilt auch für das Scheitelchakra – man kann es mit dem Himmel verbinden.

Dafür sendet man einen Lichtstrahl vom Scheitelchakra nach oben und bittet das Licht des Himmels, herabzufließen.

Es gibt in vielen Traditionen ein rituelles Verfahren, um dieses „Herabrufen des Lichtes", also der Lebenskraft, durchzuführen. In den indischen Upanishaden wird es „die Himmelskuh melken" genannt, in der Kabbala und im Golden Dawn „Übung der Mittleren Säule", im Christentum „Gott um einen Segen bitten" (wie z.B. bei dem „Pfingstwunder"), im Wicca „drawing down the moon" usw.

Man kann dieses Herabziehen des Lichtes auch als eigenständige Meditation durchführen – sie ist ausgesprochen wirkungsvoll.

IX 5. k) Feuer und Licht

Da das Wurzelchakra und das Scheitelchakra die beiden Pole in dem Bereich der Nähe, des Kontaktes, der Verbindung usw. sind, ist es nicht verwunderlich, daß es einen Zusammenhang zwischen dem Rufen des Erdfeuers in das Wurzelchakra und dem Rufen des Himmelslichtes in das Scheitelchakra gibt.

Wenn die Kundalini bis zum Scheitel aufgestiegen ist, ruft sie ohne weiteres Zutun des Meditierenden das Himmelslicht herab. Das Erdfeuer ist vor allem Lebenskraft, das Himmelslicht hat hingegen auch eine integrierende Wirkung – das Erdfeuer ist näher am Körper, das Himmelslicht näher am Bewußtsein.

Daher verursacht das Himmelslicht, wenn es durch die Chakren von oben nach unten fließt, keine Stärkung wie dies beim Erdfeuer der Fall ist, sondern eine Freude. Diese verschiedenen Formen der Freude, die bei der Integration der verschiedenen Chakren entsteht, ist ein zentrales Element im Kundalini-Yoga. Diese Freude kommt plötzlich und mit großer Kraft – man beginnt zu lächeln und hat dann ziemlich schnell dieses „Honigkuchenpferd-Grinsen" auf dem Gesicht, gegen das man sich kaum wehren kann. Spätestens, wenn man diese Freude erlebt hat, braucht man keinen weiteren Antrieb mehr, um sich zum Meditieren hinzusetzen – das fühlt sich einfach nur gut an …

Freude entsteht, wenn mehre Dinge gemeinsam zu schwingen beginnen – entweder in der Psyche (Integration eines Bewußtseinsinhaltes) oder zwischen einem selber und einem Menschen oder Ding im Äußeren (Begegnung mit einem Freund).

Das Erdfeuer wird in Indien meistens „Kundalini" genannt und das Himmelslicht „Bindhu". Die Freude wird als „Ananda" bezeichnet.

Das aufsteigende Erdfeuer und das herabströmende Himmelslicht sind die große Konvektionsströmung, in die sich die kleine Konvektionsströmung der Lebenskraft im Menschen, von der die Kundalini ein Teil ist, einfügen und einbetten kann und von der sie genährt und umhüllt wird.

Wenn man diesen großen, äußeren Lebenskraft-Kreislauf in die Meditationen über den eigenen kleinen, inneren Kreislauf miteinbezieht, verändert sich der Charakter der Meditation grundlegend – das Erlebnis wird weiter, umfassender, man erlebt sich als Teil eines größeren Ganzen …

IX 5. l)   Kundalini-Gottheiten

Bei diesem Thema wird es sehr individuell – sowohl was die Wahl der Gottheit als auch das Vorgehen angeht.

Einige Gottheiten, die mit der Kundalini assoziiert sind, sind Re, Osiris und Uräus (Ägypten) Shiva, Buddha und die Nagas (Indien), Cernunnos (Kelten), Sintela (Dakota), Quetzalcoatl (Tolteken, Azteken, Mayas u.a.), Drachen (Europa, Indien, China) usw.

Man kann z.B. eine Traumreise zu einer solchen Gottheit unternehmen, man kann sie in einem Gebet um Hilfe bitten, man kann ihren Namen als Kundalini-Mantra nehmen, man kann sie invozieren, also sich mit ihr identifizieren usw.

Zu diesem Thema findet sich später in dem Kapitel „Invokationen" noch eine konkrete Anleitung.

IX 5. m)   Das Aufsteigen der Kundalini

Leider kann man nicht generell sagen, in welcher Reihenfolge man die in diesem Kapitel angeführten Methoden benutzen sollte – und bei vielen kann man nicht einmal genau sagen, in welcher Situation man sie benutzen sollte.

Man kann halt nur mit einer einfachen Meditation beginnen und dann schauen, was daraufhin geschieht. Wenn nichts Neues mehr passiert, kann man eine der angeführten Methoden zu seiner Meditation hinzufügen und schauen, welche Wirkung sie hat – oder auch einfach öfter oder länger meditieren.

Bei einigen Methoden läßt sich die Wirkung einigermaßen genau vorhersagen: die Sushumna stabilisiert, das Rufen des Erdfeuers bringt eine Kräftigung, das Rufen des Himmelslichtes bringt Integration und Freude, die Anrufung einer Kundalini-Gottheit bringt einen Intensitäts-Schub, Traumreisen zur Kundalini bringen Klärung und Anregungen usw. Wie das bei einem bestimmten Menschen dann jedoch genau wirkt, weiß man dennoch nicht schon vorher.

Man hat also grobe Anhaltspunkte, probiert aus und erlebt und probiert das nächste aus – oder bleibt auch einfach mal ein Jahr lang bei einer Methode, die sich bewährt hat und zu interessanten und wohltuenden Erlebnissen führt.

IX 6. Die Dauer und Häufigkeit der Meditationen

Bei mehreren Meditationsformen, die einen Bezug zur Kundalini haben, findet sich der Hinweis, daß diese Meditationen mindestens zwei Jahre lang täglich durchgeführt werden sollten – möglicherweise dauert es auch etwas länger, bis sich eine grundlegende Verwandlung einstellt. Diese Dauer wird auch durch meine eigenen Erfahrungen bestätigt.

Man sollte sich also auf mindestens zwei Jahre Meditation einstellen und das Ende offen lassen …

Wie bei den meisten Dingen gibt es für die Dauer der einzelnen Meditation und der Häufigkeit der Meditation pro Tag keine feste Regel. Fanatiker sagen, daß man sehr oft und sehr lange meditieren muß, aber ich habe mit 1-3 mal am Tag 5 Minuten Meditation auch schon erfreuliche Ergebnisse erzielt. Dabei ist es mir jedoch möglicherweise zugute gekommen ist, daß ich seit gut 40 Jahren so gut wie täglich meditiert habe – wenn auch viele verschiedene Meditationen.

Doch wie sagt man im Rheinland so treffend: „Jeder Jeck ist anders." Das gilt auch für die Meditation – „Versuch macht klug". Das Ausprobieren ist der einzige Weg, auf dem man eine sichere Erkenntnis erlangen kann.

IX 7. Der Umgang mit den Wirkungen der Meditation

Welche Wirkungen welche Meditation genau haben wird, läßt sich nicht sicher vorhersagen. Auch die Wirkung der Maßnahmen, die man aufgrund der Meditations-Erlebnisse ergreift, lassen sich nicht sicher vorhersagen. Es wird folglich eine „Haltung im Angesicht des Unvorhersagbaren" benötigt.

IX 7. a) Elastische Beständigkeit

Die elastische Beständigkeit ist das Fundament einer jeden Entdeckungsreise im Leben – sowohl bei den äußeren als auch bei den inneren Entdeckungsreisen. Diese Grundhaltung beinhaltet viele verschiedene Aspekte.

Der erste wichtige Punkt ist, daß man bei Schwierigkeiten nicht aufgibt, sondern sich die Schwierigkeiten anschaut – und freundlich zu sich selber bleibt: „schauen, fühlen, umarmen".

Genauso wichtig ist es, bei unerwarteten Ereignissen oder beim Auftauchen von heftigen Gefühlen oder Schmerzen nicht den Kopf zu verlieren und nicht in haltlose Angst zu geraten.

Statt bei Schwierigkeiten ganz mit dem Meditieren aufzuhören, ist es sinnvoller, die Meditationen zu kürzen oder zu reduzieren, evtl. sie auch zu vermehren oder sie zu variieren. So bleibt der „Meditations-Faden" erhalten, aber darf sich wandeln. Auf diese Weise entsteht eine lebendige Meditations-Form.

Zum einen sind Ausdauer und Beständigkeit ein gute Grundlage, aber man sollte sie auch mit einer Prise an Experimenten würzen und schauen, welchen Einfluß sie auf das Ganze haben.

Meditation ist in der Regel etwas, was man geplant hat und wovon man im Vorraus schon weiß, was man wann und wie machen wird. Es gibt aber in der Meditation auch immer wieder unerwartete Situationen und Erlebnisse, in denen man schauen muß, ob man einfach mit dem Plan fortfährt oder ob in der Situation eine Improvisation sinnvoller wäre.

Generell kann man sagen, daß man eine Methode, mit der man zu einem guten Zustand gelangt ist, nicht ändern sollte. Wie man im Englischen sagt: „Never change a winning team!"

Die lebendige Elastizität und Eleganz entsteht durch ein Gleichgewicht zwischen dem Mut und der Abenteuerfreude auf der einen Seite und der Vorsicht und Umsichtigkeit auf der anderen Seite. In diesem Balanceakt wird man durch Übung allmählich selbstsicherer.

Wenn es möglich ist, sollte man sich auch mit anderen austauschen – mit Menschen, die dieselbe Methode benutzen, aber auch mit Menschen, die das Ganze völlig anders angehen. Auf diese Weise vermeidet man allzugroße Einseitigkeiten und kommt auf die eine oder andere neue Idee.

Schließlich ist es noch sinnvoll, irgendeinen Rückhalt und eine Notfall-Absicherung zu haben, falls mal etwas gründlich schiefgehen sollte. Das kann ein Freund sein, ein Lehrer oder irgendjemand, der bei dem Thema ausreichend sachkundig ist.

IX 7. b)   Freundlichkeit

Eine sehr hilfreiche Haltung ist die Freundlichkeit sowohl zu sich selber als auch zu den Dingen, die man in der Meditation in sich selber findet. Das klingt sehr schlicht, aber es ist sehr wirkungsvoll: Freundlichkeit entspannt innere Konflikte, Freundlichkeit ist ein erster Schritt zur Integration, Freundlichkeit ist ein Ansatz zur Selbstheilung …

IX 7. c) Schauen, Fühlen, Umarmen

Dieses Verfahren ist jetzt schon mehrfach erwähnt worden – es ist die Grunddynamik der Heilung.

Der erste Schritt ist das Schauen: Wenn man eine Sache nicht kennt und versteht und ergründet, ist es schwierig, mit ihr in einen produktiven Kontakt und Austausch zu kommen. Daher beginnt alles mit der Wahrnehmung, dem Anschauen, dem Betrachten. Dabei behält man zunächst noch die Distanz, die notwendig ist, um zu einem möglichst sachlichen, neutralen Urteil zu gelangen.

Dies ist die Haltung des nüchternen Wissenschaftlers. Bei diesem Schritt sind heftige Gefühle und panische Reaktionen auf das, was man da in sich gefunden hat und nun betrachtet, ein Hindernis. Es ist daher sinnvoll, zunächst einmal genügend Distanz zu sich selber einzunehmen, um nicht sofort alles zu bewerten, sondern es einfach mal sachlich anzuschauen und die Strukturen in dem Betrachteten, seine Ursprünge, Motive und Wirkungen erkennen.

Ein Aspekt dieses Schrittes wird es sein, daß man erkennt, in welchem Alter die Grundlage für das Betrachtete entstanden ist, d.h. man wird sich selber in dem Alter sehen, in die untersuchte Prägung stattgefunden hat.

Der zweite Schritt ist das Fühlen: Wenn man das Betrachtete zu verstehen beginnt, wird man erkennen, wie es in einem entstanden ist. Dadurch entsteht sozusagen Mitgefühl mit sich selber – man kann nicht nur verstehen, was in dem Betrachteten vor sich geht, sondern man kann auch fühlen, was da vor sich geht.

An diesem Punkt wird der „Wissenschaftler" in dem ersten Schritt zu einem anteilnehmenden Freund. Man, d.h. das „heutige Ich" fühlt mit einer gewissen Unabhängigkeit, was man früher, also was das „junge Ich" erlebt und gefühlt hat. Dadurch erhalten die alten Gefühle die Möglichkeit, da zu sein und sich zu zeigen und sich freier zu bewegen – sie sind nun nicht mehr einsam und eingesperrt.

Bei diesem Schritt steht man sozusagen sich selber in einem jüngeren Alter gegenüber und betrachtet sein Gegenüber mit Anteilnahme und mit Verständnis. Dabei ist es wichtig nicht in „Mitleid" zu geraten, also nicht einfach das zu fühlen, was das „jüngere Ich" fühlt oder sich gar von diesen Gefühlen überschwemmen zu lassen. Es ist wichtig, diese Gefühle wahrzunehmen, aber dabei standfest zu bleiben und den Kopf über Wasser zu behalten. Es hilft nicht, in Panik zu geraten oder verzweifelt zu werden – das führt schlimmstenfalls zu einer Verstärkung des Traumas. Also: die Gefühle freundlich anteilnehmend wahrnehmen, aber nicht in ihnen versinken.

Der dritte Schritt ist das <u>Umarmen</u>: Durch die Betrachtung der Strukturen und das Wahrnehmen der Gefühle weiß man nun, was man da sich gegenüber hat und welche Motivation und welche Intensität es hat – man hat das Unbekannte kennengelernt.

Dadurch beginnt man zu sehen, daß das Betrachtete ein Teil von einem selber ist und daß seine Wurzel letztlich die eigene Selbsterhaltung ist. Das Betrachtete ist also kein Feind, sondern nur ein Teil von einem selber, der sich verlaufen hat und der in einer Haltung erstarrt ist, die heute eher von Nachteil als von Vorteil ist.

In dieser Phase ist es hilfreich, sich mit dem Betrachteten zu unterhalten, ihm den eigenen guten Willen zu zeigen und ihm zu helfen, seine eigene Situation zu verstehen. Dies kann man wie ein Gespräch mit sich selber ansehen – es hat auch große Ähnlichkeit mit Familienaufstellungen. Bei diesem Schritt wird immer deutlicher, daß man selber und das Betrachtete letztlich dasselbe sind. Die bildhafte Form dieser Erkenntnis ist der Reflex, daß man als das „heutige Ich" das „junge Ich" umarmt: Man heißt das Betrachtete, also in den meisten Fällen sich selber als Kind, wieder willkommen.

IX 7. d) Krisen

Die aufsteigende Kundalini wird gegen jede Blockade in den Chakren und in den Zwischenchakren stoßen, da sie auf ihrem Weg liegen. Daher wird alles Alte, was noch nicht geheilt ist, durch das Aufsteigen der Kundalini bewußt werden. Das ist wie ein heilendes Fieber – auch die Kundalini ist Hitze. Die Krisen, die durch die aufsteigende Kundalini hervorgerufen werden, sind das Fieber der Heilung.

Man sollte die Kundalini so dosieren, daß ein leichtes Fieber entsteht und man die alten Krankheiten heilen kann, aber man sollte dabei so sanft vorgehen, daß der Heilungsprozeß möglichst nicht den Alltag stört oder vollständig behindert.

IX 7. e) Entwicklung in Wellen

Entwicklungen verlaufen nicht gradlinig, sondern in Wellen, in Schüben, in einem ständigen Auf und Ab – wobei der Mittelwert dieser Wellen allmählich auf ein höheres Niveau steigt.

Wenn lange Zeit mal garnichts Neues geschieht, wenn etwas ziemlich heftig wird oder wenn man bei der Meditation einmal zwei Wochen lang garnichts empfindet, sollte man nicht beunruhigt sein: Die Entwicklung ist so komplex, daß sie garnicht gleichförmig sein kann.

Dies liegt daran, daß eine Heilung aus verschiedene Erkenntnis- und Gefühls- und Handlungsschritten besteht, daß die astrologischen Konstellationen ständig wechseln, daß es ständig wechselnde äußere Umstände gibt und daß dann auch noch die eigene Seele den ganzen Prozeß begleitet und teilweise lenkt – schließlich ist der Seele daran gelegen, selber möglichst ungehindert strahlen zu können, wofür die Psyche heilen muß.

IX 8. Hilfen

Schließlich gibt es noch zwei Hilfen, die zunächst einmal nicht so offenkundig sind:

Das eine ist die Homöopathie, die als begleitende Maßnahme helfen kann, alte Wunden zu heilen und neue Verhaltensweisen zu entdecken, zu erforschen und zu üben – diese Wirkung sollte man nicht unterschätzen.

Die zweite Hilfe ist die Osteopathie – da viele alte psychische Wunden zu einer Fehlhaltung führen, bei der der Körper stark belastet wird und in der die alten Gefühle gefangen sind, kann die Heilung der eigenen Haltung das Auflösen der psychischen Blockaden deutlich erleichtern.

Natürlich gibt es noch viele weitere Therapien wie z.B. die Familienaufstellungen, die ebenfalls hilfreich sein können. Bei körperlichen Beschwerden ist evtl. auch mal ein Arzt hilfreich. Genauso kann auch ein Astrologie helfen, die Krisenpunkte in der eigenen Biographie und in dem eigenen Charakter ausfindig zu machen und neue Verhaltensweisen zu skizzieren. Vielleicht ist auch ein Feuerlauf sinnvoll, um den Satz „Das kann ich nicht!" aufzulösen – oder eine Schwitzhütte, um das Urvertrauen wiederzufinden.

Der individuelle Weg kann sehr verschieden aussehen und viele verschiedene Elemente enthalten.

IX 9.   Ekstase-Methoden

Bisher sind hauptsächlich die meditativen Methoden beschrieben worden – sie sind die, die heute in den meisten Fällen verwendet werden. Doch es gibt auch die ekstatischen Methoden, die insbesondere früher im Schamanismus weit verbreitet gewesen sind.

Die Ekstase-Methoden sind bereits in dem Kapitel „VI 12." beschrieben worden. Sie bestehen aus einer Konzentration mit Hilfe von Bewegungen, sie sich allmählich steigern und dabei fest in einem Rhythmus verankert sind, der der Steigerung den Halt gibt. Diese Bewegungen sind in der Regel ein Tanz, der oft ein Stampfen enthält und der in den meisten Fällen bestimmte Bewegungsfolgen immer wieder aufs Neue wiederholt.

Das Trommeln, von dem diese Tänze begleitet werden oder das manchmal auch selber die Ekstase-Bewegung ist, ruft eine Kraft hervor, die das Trommeln und das Bewußtsein tragen. Dies ist ein Effekt, den man nur schwer beschreiben kann. Er tritt meist schon nach den ersten paar Tönen auf – dann weiß man, daß man mit etwas Größerem in Kontakt ist, das dann das Trommeln erfüllt und das eigene Bewußtsein und auch das der Zuhörer in den Bann zieht. Bei dieser Art des Trommelns ist etwas im Raum gegenwärtig, das jeder spüren kann. Manchmal gibt es dieses Etwas auch in Musik, die auf CDs aufgenommen worden ist – aber das ist selten. Dieses Etwas ist auch nicht auf das Trommeln beschränkt, obwohl es dort am einfachsten aufzutreten scheint. Dieses Etwas kann man mit jedem Instrument finden.

Bisweilen werden die Ekstase-Methoden auch von laut gesprochenen Mantren, Hymnen und Gesang begleitet. Insbesondere der Gesang kann auch selber die zentrale Ekstase-Methode sein, also das, in dessen Rhythmus man sich hineinsteigert.

Schließlich gibt es noch die Hyperventilation als Ekstase-Methode. Sie eignet sich dafür, das Lebenskraft-Niveau anzuheben und dadurch Blockaden aufzulösen: Sie ist jedoch eine bisweilen recht heftige und unspezifische Methode, die als Ergänzung eine Methode braucht, durch die dann das, was man bei der hyperventilation erlebt hat, integriert wird.

IX 10.   Die universelle Kundalini

Mit „Kundalini" ist in den bisherigen Betrachtungen immer der aufsteigende Teil des Lebenskraft-Kreislaufes im eigenen Körper gemeint gewesen. Es gibt jedoch auch die Vorstellung einer universellen Kundalini, also einer Lebenskraft in der ganzen Welt und eines Lebenskraftflusses in ihr.

In diesem Zusammenhang gibt es verschiedene Vorstellungen und Bilder über die Kundalini:

- die Kundalini als schlangengestaltige Göttin,
- die Kundalini als die Lebenskraft in allen Dingen, und
- die Kundalini als aufsteigende Kraft und das Bindhu als herabfließende Kraft.

Dieses Konzept ist der Vorstellung eines allgegenwärtigen Prana („Lebenskraft") sehr ähnlich – bei der Vorstellung einer Kundalini-Göttin wird die Lebenskraft jedoch als sich ihrer selber bewußt aufgefaßt und personifiziert.

Ähnliche Konzepte gibt es bei vielen Völkern. So ist z.B. das ägyptische „ankh" ebenfalls die Lebenskraft, das Wakan Tanka („Großes Geheimnis") der Dakotas ist eine allumfassende und bewußte Lebenskraft, der Heilige Geist im Christentum ist sozusagen „Gottes Lebenskraft" …

Der wichtige Punkt an der universellen Kundalini ist vor allem die Einsicht, daß der Fluß der Lebenskraft im eigenen Körper kein isoliertes Phänomen ist, sondern mit dem Fluß der Lebenskraft in allen Dingen im Austausch steht.

Der Zusammenhang zwischen Kundalini und universeller Kundalini ist derselbe wie der zwischen Unterbewußtsein und kollektivem Unterbewußtsein oder zwischen inneren Bildern und Telepathie oder zwischen physischen Handlungen und Telekinese.

Man kann durchaus nur die inneren Vorgänge betrachten, aber das Bild wird vollständiger, wenn man auch die Bezüge nach außen hin mitbedenkt – egal, ob man diese Bezüge jetzt Lebenskraft-Fäden, Telepathie, universelle Kundalini, Heiliger Geist oder mit noch einem anderen Namen benennt.

Bei der Erweckung der Kundalini treten diese Lebenskraft-Verbindungen nach außen hin z.B. bei dem Lichtstrahl zum Wurzelchakra der Erde, beim dem Lichtstrahl zum Himmelslicht, bei Shiva-Anrufungen oder bei gemeinsamen Ekstasen auf. Es ist jedoch anzunehmen, daß diese Verbindungen auch dann, wenn man sie nicht gezielt benutzt oder imaginiert, eine Wirkung auf die Vorgänge bei der Meditation oder der Ekstase haben.

X Rituale

Ein Ritual ist ein meistens weitgehend festgelegter Handlungsablauf, dessen Ziel die Bewegung der Lebenskraft ist. Man kann weitgefaßt auch eine Meditation als Ritual auffassen, aber im engeren Sinne besteht ein Ritual aus Gesten, die die inneren Bilder veranschaulichen, durch die man die Lebenskraft lenkt. Eine einfache Form eines Rituals ist z.B. das Handauflegen beim Segnen, durch das die Imagination des Flusses der Lebenskraft von der Gottheit durch den Priester zu dem Gesegneten unterstützt und für alle sichtbar gemacht wird.

Solche Rituale kann man auch für die Erweckung der Kundalini benutzen.

X 1. Invokationen

Bei einer Invokation (Anrufung) identifiziert man sich mit in der Regel mit einer Gottheit. Im Zusammenhang mit der Kundalini sind dies die Götter, in deren Mythen die Kundalini eine wichtige Rolle spielt wie Shiva, Buddha und Cernunnos (Kelten) oder Gottheiten, die sich aus den Vorstellungen über die Kundalini heraus entwickelt haben wie Sintela (Dakota), Quetzalcoatl (Tolteken, Azteken, Mayas u.a.) oder die beiden Schlangen am Hermesstab (Griechen).

Der Unterschied zwischen einer Invokation und einer Traumreise hat in Bezug auf die Vorgehensweise zwei Aspekte: Zum einen sieht man die Bilder bei einer Traumreise innerlich und bei einer Invokation äußerlich und zum anderen nähert man sich bei einer Traumreise in der Regel langsam seinem Ziel, während dies bei einer Invokation eher schnell geht. Eine Traumreise wird man in der Regel dann benutzen, wenn man etwas kennenlernen will – bei einer Invokation weiß man schon, wo man hin will (obwohl eine Invokation manchmal auch etwas von einer ungewissen Entdeckungsreise haben kann).

Eine Invokation hat drei Schritte:

- Man stellt sich die Gestalt der Gottheit vor sich vor. Zuvor wird man sich in der Regel durch die Betrachtung der überlieferten Bilder, Statuen, Mythen u.ä. dieser Gottheit mit ihr vertraut gemacht haben. Evtl. hat man auch schon Traumreisen zu ihr unternommen.

Man beginnt die Gottheit zu beschreiben – sowohl ihre Gestalt als auch ihre Symbole und ansatzweise auch ihre Mythen.

Dabei spricht in der distanzierten Form: „Sie ist … Sie hat … Sie tut …“

Man erschafft Klarheit.

- Man geht auf die imaginierte Gestalt der Gottheit zu und spürt in sich die Sehnsucht nach der Verbindung mit dieser Gottheit.

Man beginnt vor allem die Mythen dieser Gottheit zu beschreiben, also ihre Fähigkeiten und Tätigkeiten sowie auch das, was man von ihr erhofft und den Grund, warum man diese Invokation durchführt. Die eigene Sprache wird dabei deutlich emotionaler als bei dem eher sachlichen und neutralen ersten Schritt.

Dabei spricht man die Gottheit direkt an: „Du bist ... Du hast ... Du tust ...“

Man erschafft eine Verbindung.

- Man geht in die imaginierte Gestalt hinein und identifiziert sich mit ihr und spürt sie in seinem ganzen Körper und nimmt in der eigenen Vorstellung die Gestalt der Gottheit an.

Man beginnt als die Gottheit selber zu sprechen, d.h. man stellt sich vor, als sie zu sprechen. Dabei darf das Sprechen immer freier und improvisierter werden, um der Gottheit die Gelegenheit zu geben, durch einen selber hindurch zu sprechen.

Dabei spricht man als die Gottheit: „Ich bin ... Ich habe ... Ich tue ...“

Man erschafft eine Identität mit der Gottheit.

Schließlich tritt man wieder aus der Gottheit heraus und tut, was einem passend erscheint – sich bedanken, sich erden, das Erlebte betrachten usw.

Man kann eine Invokation durchführen, um die Gottheit einfach nur zu erleben (Mystik), aber auch, um mehr von ihren Eigenschaften und Fähigkeiten zu erhalten (Heilung, Entwicklung) oder um mit ihrer Hilfe etwas Bestimmtes zu erreichen (Magie).

Die drei Schritte der Invokation entsprechen der Methode „schauen, fühlen, umarmen“:

- schauen = die Gottheit sachlich beschreiben
- fühlen = eine emotionale Verbindung zu der Gottheit aufbauen
- umarmen = sich mit der Gottheit identifizieren, sich in sie integrieren

Die Heilung und die Invokation sind folglich analoge Vorgänge: Etwas, was zuvor getrennt gewesen ist, wird erst betrachtet, dann miteinander verbunden und schließlich miteinander vereint.

Dieser Vorgang zeigt, daß es auch von dem Ergebnis her einen Unterschied zwischen einer Traumreise und einer Invokation gibt: Die Traumreise besteht in der Regel nur aus einer Betrachtung, die manchmal auch zu einem emotionalen Berührtsein führen kann, während die Invokation über die Betrachtung und die Gefühle zu Identifizierung führt. Man kann natürlich auch auf einer Traumreise eine Identifikation z.B. mit dem eigenen Krafttier oder mit der eigenen Seele durchführen und man kann auf einer Traumreise auch eine Invokation durchführen, aber das kommt doch recht selten vor und ist kein üblicher Bestandteil einer Traumreise.

Eine von einer Traumreise ausgehende Invokation hat den Vorteil, daß man auf ihr die imaginierten bzw. von sich aus erschienenen Bilder meistens klarer und lebhafter sehen kann – sie hat aber auch den Nachteil, daß man bei der Invokation keine physischen Bewegungen macht und in der Regel auch nicht laut spricht, was beides das Erlebnis erdet.

X 2. Kundalini-Anrufungen

Bei einer Anrufung identifiziert man sich – wie bereits gesagt – in der Regel mit einer Gottheit. Da die innere Kundalini bereits ein Teil von einem selber ist, sind im Kontakt mit der inneren Kundalini Traumreisen passender als eine Invokation, also als die Identifikation mit einem größeren und äußeren Wesen.

Man könnte lediglich die äußere, universelle Kundalini invozieren, doch da die eigene Kundalini ein Teil von der äußeren Kundalini ist, scheint auch hier eine Traumreise zu der universellen Kundalini passender zu sein. Auf solch einer Traumreise kann man dann die eigene Kundalini in die universelle Kundalini hinein weiten.

Es spricht natürlich trotzdem nichts dagegen, die äußere, universelle Kundalini mit einer rituellen Invokation anzurufen.

X 3. Tantra

Der heile innere Mann und die heile innere Frau sind zum einen mit Ida und Pingala verbunden und zum anderen natürlich auch eng mit der Sexualität verknüpft, die wiederum eine der wichtigsten Wirkungen der Kundalini in der Psyche ist. Daher gibt es auch die Möglichkeit, die Sexualität und somit die beiden genannten inneren Bilder zur Erweckung der Kundalini zu benutzen.

Dabei gibt es drei verschiedene Ansatzpunkte, von denen aus man ein solches „Kundalini-Ritual" aufbauen und durchführen kann.

X 3. a)   innerliches Ritual

###

Dieses Ritual ist im Grunde eine Meditation. Da diese inneren Bilder aber eine etwas komplexere Dynamik haben, kann man sie auch als „inneres Ritual" bezeichnen. Dieses Meditations-Ritual ist in einem früheren Kapitel schon weitgehend becshieben worden.

Der Vorgang an sich ist sehr einfach: Der innere heile Mann und die innere heile Frau vereinen sich miteinander. Diesen Vorgang kann man jedoch verschieden komplex gestalten. Man sollte die Komplexität auswählen, die einem am meisten zusagt – komplex oder schlicht ist nicht besser, sondern nur verschieden.

- Man kann sich den Vorgang der Vereinigung vollkommen formlos vorstellen, wodurch er mehr oder weniger zu einer Traumreise wird, bei der man weitgehend Zuschauer und nur sehr wenig Ritual-Leiter ist.

- Man kann eine bestimmte Haltung wählen wie z.B. die, die in Tibet „Yab-Yum" genannt wird. Dabei sitzt der man im Lotussitz und die Frau auf seinem Schoß und kreuzt ihre Beine hinter seinem Rücken.

- Man kann die Vereinigung in der „Yab-Yum"-Haltung auf dem Lotus des Wurzelchakra imaginieren.

- Man kann die Vereinigung in der „Yab-Yum"-Haltung auf den Lotus-Blüten aller sieben Chakren gleichzeitig imaginieren.

- Man kann dabei auch die verschiedenen Eigenschaften der sieben Hauptchakren berücksichtigen:
    - das Paar der Lebenskraft-Fülle im Wurzelchakra,
    - das Paar des inneren Halts und des Lebenstanzes im Hara,
    - das Paar des körperlichen Selbstausdrucks und des Strahlens im Sonnengeflecht,
    - das Paar der Identität und somit der Spiegelbilder der Seele im Herzchakra,
    - das Paar des sozialen Selbstausdrucks und der Selbstsicherheit im Halschakra,
    - das Paar der Klarheit, der Orientierung und der Ziele im Dritten Auge, und schließlich noch
    - das Paar der Allverbundenheit und der Erleuchtung im Scheitelchakra.

- Man kann dabei auch statt der sieben Hauptchakren die beiden Gestalten in Ida und Pingala imaginieren, die dann durch ihre Vereinigung zur Sushumna werden.

Hier sind der eigenen Kreativität kaum Grenzen gesetzt.

X 3. b) äußerliches Lebenskraft-Ritual

Das äußere Lebenskraft-Ritual ist so einfach, daß man auf den ersten Blick glauben mag, das es nur langweilig ist und daß da nichts passieren kann. Es besteht darin, daß Mann und Frau sich körperlich vereinen, aber sich dann nur soviel bewegen, wie notwendig ist, um die Spannung nicht ganz abflauen zu lassen. Statt die Spannung steigern zu wollen, sind beide einfach nur aufmerksam auf das, was im eigenen Körper geschieht.

Dadurch, daß die erotische Spannung durch gelegentliche Bewegungen aufrechterhalten wird, gibt es einen ständiger Druck auf der Lebenskraft im Wurzelchakra – es entsteht eine gespannte und zugleich entspannte Konzentration im Wurzelchakra, also eine kraftgeladene, aber entspannte Konzentration.

Da sich diese Spannung nicht durch einen Orgasmus auflöst und sich auf dem üblichen Weg im Wurzelchakra entladen kann, sucht sich die Lebenskraft einen anderen Weg – und der führt durch die Sushumna sowie durch Ida und Pingala nach oben. Dieses Aufsteigen der Lebenskraft ist die Kundalini.

Diese Methode ist also letztlich eine Konzentration auf das Wurzelchakra mit Hilfe der Erotik. Da die Erotik und die Sexualität etwas sind, worauf sich die meisten Menschen sehr einfach konzentrieren können, ist dies eine Methode, die für die meisten Menschen die Konzentration erleichtert.

Die Schwierigkeit bei dieser Methode ist es anfangs, nicht vom „Tantra-Modus" in die „normale Sexualität" mit dem Streben nach einem Orgasmus zu wechseln.

X 3. c) äußerliches Bilder-Ritual

Man kann die innere Vereinigung des heilen inneren Mannes mit der heilen inneren Frau auch im Außen als Ritual aufführen und den inneren Vorgang durch seine äußere Darstellung anregen.

Dafür muß man als Mann die Frau, die an diesem Ritual teilnimmt, mit der eigenen heilen inneren Frau identifizieren bzw. als Frau den Mann, der an diesem Ritual teilnimmt, mit dem eigenen heilen inneren Mann identifizieren.

Es ist naheliegend, daß es anschließend an das Ritual notwendig ist, die Projektion wieder zurückzunehmen: Es ist nicht sonderlich wünschenswert, eine reale Frau mit der eigenen heilen inneren Frau zu wechseln – für den heilen inneren Mann gilt dasselbe.

Letztlich wird jedesmal, wenn man jemanden liebt, der geliebte Mensch mit dem heilen inneren Mann bzw. mit der heilen inneren Frau assoziiert – auf diese Weise entsteht die Liebe. Dieses Ritual ist also kein ungewöhnlicher oder gar unnatürlicher Vorgang – aber man sollte trotzdem mit ein bißchen Fingerspitzengefühl mit allen Arten von Identifikationen umgehen, da sie sonst Verwirrung schaffen können.

Bei diesem Ritual identifiziert man ein inneres Bild mit einen äußeren Menschen – eine Projektion. Bei der Invokation identifiziert man eine Gottheit mit sich selber – eine Introjektion. Wenn man beides bewußt verwendet und auch wieder auflöst, können diese Methoden sehr hilfreich sein, aber es ist wichtig, daß man sie möglichst bewußt benutzt.

X 3. d)   Das Ritual des Beziehungs-Mandalas

Dieses Ritual besteht aus vier Schritten.

- Im ersten Schritt sucht man in sich die beiden polarisierten inneren Männerbilder und die beiden polarisierten inneren Frauenbilder. Die drei möglichen Polarisierungen sind die bereits erwähnten Paare „Süchtiger – Asket", „Täter – Opfer" und „Star – Fan."

- Im zweiten Schritt schaut man, welches Bild man selber in seinem Leben aufführt, und welche Bilder drei andere Menschen für einen selber aufführen. Diese drei anderen übernehmen die Rolle des Beziehungspartners, die Rolle des Freundes bzw. der Freundin und die Rolle des Feindes bzw. der Feindin. Bei einem Süchtigen ist z.B. die Beziehungspartnerin eine Asketin, der Feind ein Asket und die Freundin eine Süchtige. Ein anderer Süchtiger kann ein „Leidensgefährte" oder ein Freund sein.

- Im dritten Schritt stellt man diese vier Personen rings um sich auf und macht sich klar, daß sie den eigenen inneren Bildern entsprechen und ein Teil von einem selber sind.

- Im vierten Schritt löst man das eine Paar auf und findet so das erste heile innere Bild wieder.

- Im fünften Schritt löst man das andere Paar auf und findet so das zweite heile innere Bild wieder.

- Im sechsten Schritt vereinen sich der heile innere Mann und die heile innere Frau, wodurch die eigene Seele im Zentrum des Mandalas sichtbar wird.

- Im siebten Schritt läßt man die eigene Seele durch die eigene Psyche in alle Richtungen strahlen.

Die vollständige und ausführliche Beschreibung dieses Rituals findet sich in meinem Buch „Das Beziehungs-Mandala". Die vollständige Beschreibung dieses Rituals würde hier zuviel Raum einnehmen. Zudem ist dieses Ritual zwar eine Förderung des Erwachens der Kundalini, aber hat keinen direkten Bezug zur Kundalini – es ist eher eine indirekte Hilfe für das Aufsteigen der Kundalini.

XI Siddhis

Durch das Erwecken der Kundalini werden in der Regel die Blockaden in den Chakren und somit auch in der Psyche aufgelöst. Dadurch kann die Lebenskraft wieder frei fließen – und auch die Kundalini, die ein Teil des Lebenskraftflusses im eigenen Körper ist.

Es gibt natürlich wie immer Ausnahmen von dieser Regel, z.B. bei dem kurzen, heftigen Aufsteigen der Kundalini, bei dem Aufsteigen mithilfe von Drogen, bei dem Aufsteigen, das von der Wahrnehmung der eigenen Ängste, Süchte und Schmerzen begleitet ist usw. Doch im Allgemeinen löst das Streben nach dem Aufsteigen der Kundalini eine schrittweise Auflösung der eigenen Blockaden aus.

Solch eine Auflösen der Blockaden führt zu einer neuen Grundhaltung. Vorher ist man auf das Feste, Starre, Harte, Abgrenzende, Forthaltende und Festhaltende fixiert gewesen – nachher ist man auf das Fließende, Weiche, Elastische, Elegante, Verbundende und Bejahende ausgerichtet.

Diesen Übergang beschreibt auch Buddha in seinen Schriften als das Erreichen der vier abgrenzungslosen Eigenschaften eines Erleuchteten: grenzenlose Gelassenheit, grenzenloses Mitgefühl, grenzenlose Liebe und grenzenlose Freude. In diesem Zustand ist keine Abgrenzung mehr nach außen hin da – die Identität beruht nicht mehr auf der Abgrenzung, sondern auf der Wahrnehmung der eigenen Qualität.

- Die grenzenlose Gelassenheit entsteht, wenn man erkennt, daß alles aus Austauschprozessen besteht.
Das entspricht dem „schauen".

- Das grenzenlose Mitgefühl entsteht dadurch, daß man emotional Anteil nimmt an allem anderen – eine logische Folge der grenzenlosen Gelassenheit, durch die man die Dinge sehen kann, wie sie wirklich sind … eben alles miteinander verbunden.
Das entspricht dem „fühlen".

- Die grenzenlose Liebe entsteht dadurch, daß man aufgrund des grenzenlosen Mitgefühls für den anderen genauso sorgen will wie für sich selber – man ist auch der andere.
Das entspricht dem „umarmen".

- Die grenzenlose Freude entsteht aus der Auflösung der Abgrenzung und dem gemeinsamen Schwingen, denn dieses „gemeinsam Schwingen" ist das, was Freude ist.

Das entspricht der Wirkung von „schauen, fühlen, umarmen".

Die Erweckung der Kundalini führt folglich zu einem anderen Bewußtseinszustand, zu einer anderen Haltung im Leben.

Diese Entwicklung wird auch in anderen Systemen beschrieben wie z.B. im kabbalistischen Lebensbaum. Dort erscheint die Kundalini als die „Schlange der Weisheit", die von unten nach oben hin aufsteigt. Der unterste Bereich („Malkuth") stellt den Körper dar, die folgenden sieben Bereiche („Yesod" bis „Da'ath") die sieben Hauptchakren und die drei obersten Bereiche („Binah" bis „Kether") die allem zugrundeliegende Einheit.

In den indischen Schriften wird an sehr vielen Stellen darüber berichtet, daß durch das Erwecken der Kundalini auch neue Fähigkeiten entstehen, die „Siddhis" genannt werden, was man mit „magische Fähigkeiten" übersetzen könnte. Diese Fähigkeiten werden von den Kabbalisten auch vom Erreichen von Da'ath beschrieben und in der Bibel finden sie sich als Wunder.

Diese Fähigkeiten sind mehr oder weniger unbegrenzt und umfassen das Vermehren von Broten, die Verwandlung von Wasser in Wein, das unbeschadete Trinken von Gift oder von flüssigem Kupfer, das Gehen über Wasser, das Heilen von Krankheiten, das Auferwecken von Toten, die Telepathie, die Telekinese, das Sehen und Gehen durch Wände, das Schweben-lassen und das selber-Schweben (Levitation), das unbegrenzt Fasten können, das Einstellen des Atmens für mehrere Stunden oder Tage, das Ende der Notwendigkeit des Schlafens usw. Diese Liste ließe sich noch lange weiterführen.

Das bedeutet jetzt natürlich nicht, daß jeder, der seine Kundalini erweckt hat, auch all diese Fähigkeiten besitzt, aber das Erwecken der Kundalini kann zu der einen oder anderen dieser Fähigkeiten führen. Das ist bei jedem anderes, denn schließlich ist auch jeder anderes – von seiner Seele her, von seiner Psyche her, von seinem Horoskop her usw.

Die Erweckung der Kundalini ist zwar auch an sich interessant, aber eigentlich ist sie kein Selbstzweck, sondern führt zur Selbstheilung. Damit sind dann auch ein neues Lebensgefühl und neue Fähigkeiten verbunden. Dieses neue Lebensgefühl ist das, warum es eigentlich geht – das, was Buddha die „grenzenlose Freude" nennt, was in Indien als „Ananda" bezeichnet wird und was im Christentum in etwa mit „Glückseligkeit" umschrieben wird.

Dieses Lebensgefühl führt zu einem stillen Lächeln wie bei den Buddha-Statuen oder bei den Statuen aus dem alten Ägypten – bei einem etwas feurigerem Temperament kann dieses neue Lebensgefühl auch zu einem „Honigkuchenpferd-Grinsen" führen.

Das ist das eigentlich Wertvolle, das man durch die Erweckung der Kundalini finden kann.

Bücher von Harry Eilenstein

„Magie für Anfänger"

- Telepathie für Anfänger (60 S.)
- Telepathie für Fortgeschrittene (52 S.)
- Telekinese für Anfänger (52 S.)
- Lebenskraft für Anfänger (60 S.)
- Meditation für Anfänger (56 S.)
- Kundalini für Anfänger (100 S.)
- Hypnose für Anfänger (56 S.)
- Auto-Movement für Anfänger (56 S.)
- Chakra-Magie für Anfänger (148 S.)
- Astralreisen für Anfänger (56 S.)
- Astrologie für Anfänger (120 S.)
- Ritual-Magie für Anfänger (56 S.)
- Mandalas für Anfänger (68 S.)
- Geldzauber für Anfänger (56 S.)
- Liebeszauber für Anfänger (52 S.)
- Invokationen für Anfänger (52 S.)
- Evokationen für Anfänger (60 S.)
- Elfen für Anfänger (56 S.)
- Magie-Forschung für Anfänger (140 S.)
- Selbsterkenntnis für Anfänger (52 S.)
- Zahlensymbolik für Anfänger (60 S.)
- Die Sprache des Mondes – für Anfänger (116 S.)
- Zaubergesänge für Anfänger (100 S.)
- Zukunftschau für Anfänger (60 S.)
- Schamanismus für Anfänger (52 S.)
- Magische Gegenstände für Anfänger (68 S.)
- Astralreisen für Anfänger (56 S.)
- Da'ath-Magie für Anfänger (64 S.)
- Feng Shui für Anfänger (96 S.)
- Magie für Anfänger – Sammelband I (696 S.)
- Magie für Anfänger – Sammelband II (664 S.)

„Traumreisen"

- Traumreisen zu Heilpflanzen (700 S.)

Magie

- Handbuch für Zauberlehrlinge (408 S.)
- Tarot (104 S.)
- Physik und Magie (184 S.)
- Die Magie-Formel (156 S.)
- Krafttiere – Tiergöttinnen – Tiertänze (112 S.)
- Schwitzhütten (524 S.)

Meditation

- Der Lebenskraftkörper (230 S.)
- Die Chakren (100 S.)
- Das Chakren-System mit den Nebenchakren (296 S.)
- Organe und Chakren (64 S.)
- Die platonischen Körper in den Chakren (156 S.)
- Meditation (140 S.)
- Drachenfeuer (124 S.)
- Kundalini I (676 S.)
- Reinkarnation (156 S.)
- einsgerichtet (140 S.)

Astrologie

- Astrologie (496 S.)
- Photo-Astrologie (428 S.)
- Die astrologischen Aspekte (88 S.)
- Horoskop und Seele (120 S.)

Kabbala

- Kursus der praktischen Kabbala (150 S.)
- Eltern der Erde (450 S.)
- Blüten des Lebensbaumes:
  - Die Struktur des kabbalistischen Lebensbaumes (370 S.)
  - Der kabbalistische Lebensbaum als Forschungshilfsmittel (580 S.)
  - Der kabbalistische Lebensbaum als spirituelle Landkarte (520 S.)

Bücher von Harry Eilenstein

Religion allgemein

- Die sieben Schritte des Lebens (428 S.)
- Muttergöttin und Schamanen (168 S.)
- Göbekli Tepe (472 S.)
- Die Göttin von Göbekli Tepe (144 S.)
- Totempfähle (440 S.)
- Christus (60 S.)
- Dakini (80 S.)
- Vajra (76 S.)

Ägypten

- Hathor und Re 1: Götter und Mythen im Alten Ägypten (432 S.)
- Hathor und Re 2: Die altägyptische Religion – Ursprünge, Kult und Magie (396 S.)
- Isis (508 S.)

Indogermanen

- Die Entwicklung der indogermanischen Religionen (700 S.)
- Wurzeln und Zweige der indogermanischen Religion (224 S.)

Germanen

- Die Götter der Germanen (87 Bände)
- Odin (300 S.)

Kelten

- Cernunnos (690 S.)
- Taliesin (228 S.)
- Der Kessel von Gundestrup (220 S.)
- Der Chiemsee-Kessel (76)

Psychologie

- Über die Freude (100 S.)
- Das Geheimnis des inneren Friedens (252 S.)
- Das Beziehungsmandala (52 S.)
- Gefühle und ihre Verwandlungen (404 S.)
- einsgerichtet (140 S.)
- Liebe und Eigenständigkeit (216 S.)
- Von innerer Fülle zu äußerem Gedeihen (52 S.)

Heilung

- Die Symbolik der Krankheiten (76 S.)

Kunst

- Herz des Tanzes – Tanz des Herzens (160 S.)

Drama

- König Athelstan (104 S.)

Die Themen der 87 Bände der Reihe „Die Götter der Germanen"